Clinical social welfare studies

臨床社会福祉学の展開

足立 叡 編著

学文社

著者紹介

*足立　　叡	淑徳大学学長・総合福祉学部教授(序章)
佐藤　俊一	淑徳大学総合福祉学部教授(第1章)
井上　　敦	杏林大学保健学部助教(第2章)
田中賀奈子	千葉女子専門学校非常勤講師(第3章)
阿部　孝志	千葉女子専門学校教諭(第4章)
本多　敏明	淑徳大学コミュニティ政策学部助教(第5章)
小林　夏紀	杏林大学医学部付属病院ソーシャルワーカー(第6章)
関谷　真澄	千葉女子専門学校・千葉敬愛短期大学非常勤講師(第7章)
静間　宏治	千葉労災看護専門学校・山王看護専門学校非常勤講師(第8章・おわりに)
米村　美奈	淑徳大学総合福祉学部教授(はじめに・終章)

(執筆順，＊は編者)

はじめに

　本書の編者である足立叡は，1996年に『臨床社会福祉学の基礎研究』を刊行している。同書は，それまでの社会福祉学の立場や方法にとどまらず，援助技術論に存在論的な吟味を行い，人間関係学を基盤とした実践や理論の方法論を明らかにしながら臨床社会福祉学の概念化を試みたものである。実践家から理論が実践と乖離していると指摘をされたり，また，ともすれば経験主義に陥りやすい性質を有する社会福祉学にとっては，足立の臨床社会福祉学の概念化は，実践家と研究者の両者にとってその共通基盤の発見において非常に大きな意味があったといえよう。

　かつて足立のもとで学んだ9名がその書に続きたいと考え，本書を執筆している。足立の前書で学問的に明らかにされている方法論を著書のみならず，私たちは，足立との人間的な出会いを通して学んできた。その書を大学院のゼミで輪読し議論を行い，または，足立の熱のこもった講義を通して私たちは，多くのことを発見できた。

　また，近年，看護学などの研究の場においても現象学が注目され，実践の場を踏まえて進められている。しかし，そこで私たちが憂慮することは，その研究は本当に実践のために役立つものとなっているのかどうかである。足立は，常日頃「研究は，現場的でなければならず，実践は，学問的である必要がある」と強調している。実践と学問との関係は，理論を現場で応用するのがあたりまえとされ，学問から実践をみるという視点ではなく，実践から学問を生み出す視点を提示している。これは，「臨床からの学」として，学問と実践のそれぞれの取り組む視点とその目指す方向性に注意を促しているのである。このことを足立は，研究が決して「研究のための研究」にならないようにと私たちに対し，教授を繰り返し行う。研究は，専門の名のもとに「タコツボ」化しやすいと何度も問われ，何のために研究が必要なのかと日頃から考えさせられている。

　この度，足立が古希を迎え教授職を離れることを機に，私たちは足立から継

承し，それらを後世に伝えていく役割責任を改めて感じ考えた。足立が恩師である早坂泰次郎から伝えられた「学問は，継承だぞ」という言葉を私たちも文字通り耳にタコができるほど繰り返し聞かされて育った。そのためか，私たち9名は，継承することを責務として当然のことだと考え，おぼつかないながらも日常的に取り組んでいる。しかし，その取り組みはあくまでも独りよがりのものであってはならないと自戒し，常にブレないような学習（研究）が必要であるとも考える。そこで教えを請うた一部の有志が継承内容を改めて確認するための研究会を立ち上げ，議論を行い，自らがどのように発展的に継承しているのかを明らかにする作業を行った。その上でできあがったものが本書である。

本書は，2部構成の10章から成り立っており，その内容の要旨は，以下の通りである。

序章においては，臨床社会福祉学のあゆみとして，人間関係学を基盤とした社会福祉学である臨床社会福祉学の成立の流れを編著者自身のあゆみをもとに学問的に述べている。

第1章においては，私たちは人間関係を一つの領域や分野として専門的に捉えるのではなく，人にかかわる学問の共通基盤として位置づけている。また，人間関係は，研究者，実践者にとって主観的なテーマであるが，主観に対する考えをハッキリさせることでエビデンスを示すことができる。さらに関係的存在としての人間理解を「生きるとは人とのかかわりの中で人間になる歩み」として示している。他者を理解するための対象化を基礎づけるために，私たちが主体的に「見る」のではなく，「見える」が生み出す可能性を論じている。

第2章では，対人関係における「臨床的態度」の概念化を試みている。対人援助においては常に人間関係が存在するため，必然的にクライエントに対する自分の態度が問われることとなる。人間関係学では，対人援助における援助者の実践的態度を「臨床的態度」として概念化している。この概念は，場や場の機能を指す通常の「臨床」（「場としての臨床」）とは異なる。援助者にそのつど問われる一回性に視点を当て，それが実際の援助場面においていかなるかたちで実践されるのかを検討している。

第3章では,「対人援助における専門性」をテーマとし,対人援助の専門性について事例などを用いながら明らかにしている。対人援助は,生活や人生を支えていく仕事であり,クライエント自身が,自らどのように生き,生活していきたいか自己決定できるようになることが重要である。そのことを実現するには,まず,「クライエントとのかかわりを基盤として援助を展開してくこと」が基本になる。ここでは「態度としての臨床」という視点から,対人援助における専門性のあり方を検証し,先の章にも示された「態度としての臨床」を含めて,「基礎を学ぶことからの専門性のあり方」を明確にしている。

　第4章においては,人間関係学を用いた教育のあり方について述べている。教育は学生や生徒が本来有している,人との関係を生きる力を育むことを目的としている。したがって,そこでの教員の役割は学生や生徒が有している,人との関係を生きる可能性を信じることに他ならない。人間の「存在論的事実」を土台とした教育のあり方を問いかけ,目の前の相手に対して自分を使った援助をするための教育の重要性を論じている。

　第5章では,研究を人間関係学として捉え,「臨床からの学」としての研究態度について述べている。人とかかわる職に就く者にとって人間関係は単なる研究や実践の「対象」ではなく,むしろ「方法」そのものである。自らがそのつどの相手にどのようにかかわっているか,そのかかわりのプロセスを概念化していくことが研究の要となることを記し,その方法論を具体的に明らかにしている。

　第6章では,臨床社会福祉学が,主張する他者援助の重要な視点である「人間関係学的視点」について具体的な援助事例を用いて述べている。そこでは,病いや障害を持って生きる人々への援助に欠かせない「人間関係学的視点」がどのように活かされて援助に結実しているのかを明らかにしている。

　第7章では,臨床社会福祉学において重要なテーマである「関係的生」について述べ,障害をどのように捉え援助していくのかについて事例を用いながら明らかにしている。そしてさらに,「関係的生」を明らかにすることは,クライエント自身の生きる意味の発見になることを示している。

第8章では，人へのかかわりから生まれる社会的援助を人間関係学の視点から考えていくことをテーマとしている。社会的援助として制度・政策を論じる際，社会をシステムとみなし，いかに合理的に遂行できるかということに焦点を当て，個人が社会や組織を維持する目的のための道具として捉える考えに対して疑問を呈し，「関係的生」への視点に支えられた制度，政策とそれを担う組織の実現こそが社会的援助につながっていくものであることを明らかにしている。

終章では，第8章まで述べてきたことを後世へいかに伝えていくかを学問上での実践的課題として捉え，継承のあり方と今後の展開の方向性について述べている。学問を成り立たせる研究そのものやそれを展開する実践は，「誰がどの視点と価値においてどのような態度でそれらにかかわるのか」ということが常に課題として提起されている。その臨床社会福祉学を支え基礎となる学問の「臨床的態度」をいかに継承し，さらに具体的な研究や実践と結びつけて展開させるかがその学問を支える基礎であるとしている。

前記のような各章の構成により本書は，成り立っている。どこまで私たちの想いを言語化できたかは定かではないが，本書の作成を機会に私たちも新たに「臨床社会福祉学のプロジェクト」を立ち上げ，学びの場を作ろうと検討している。したがって，今回の試みは，一冊の本の作成だけに止まらず，執筆メンバーの日々の実践，教育，研究を問いかけ，新たな出発の機会ともなっている。このように本書は，「学問は，継承である」ということをキーワードに自らの方法論を再確認しながら，継承の展開を捉えた第一歩となる書である。

2015年1月

発起人　米村　美奈

目　　次

はじめに　　　i

序章　臨床社会福祉学の歩み……………………………………1
　第1節　臨床社会福祉学への二つの視点　　2
　第2節　社会福祉学を支える方法論的概念としての
　　　　　「『臨床』的態度」　　3
　第3節　臨床社会福祉学における「関係性の学」と「共生の思想」　　6
　　1　臨床社会福祉学と「関係性の学」の視点　　6
　　2　臨床社会福祉学と「共生の思想」の視点　　7

第1部　基礎学としての人間関係学

第1章　人間関係の現象学―対象化への視点―……………………14
　第1節　人間関係―分野から共通の基盤という発想へ―　　14
　　1　分野や領域としての専門性への問い　　14
　　2　基盤となる人間関係の意味　　16
　第2節　主観や感性に支えられる客観性　　18
　　1　主観に対する態度　　18
　　2　根底にある人間関係の考えへの問い　　19
　　3　主観を大切にすることが客観化への道　　20
　　4　感性に支えられた理性　　21
　第3節　関係的存在としての人間理解　　22
　　1　根強い個が先にあるという発想　　22
　　2　はじめに関係がある　　23
　　3　生きるとは人間になるという歩み　　24
　第4節　対象化への視点―〈見える〉の発見―　　26
　　1　相手がいるということ　　26
　　2　見ることの検証―見るから〈見える〉へ―　　27
　　3　見えるものの中にある見えないもの　　28
　　4　見えるが生み出すもの　　30

第2章 実践力の基礎となる臨床的態度 …………………………… 34

第1節 「臨床」とはなにか―「場としての臨床」と「態度としての
臨床(臨床的態度)」― 35

第2節 「臨床的態度」が問いかけるもの 37
1 相手へ応答する中での「受容」―ある研修での違和感から― 37
2 自分だけを大事にする「良心的エゴイズム」
―応答することを忘れての自分への関心の集中― 42

第3節 自分だけを大事にする態度から，自分を大事にする態度へ
―「臨床的態度」への気づきと「良心的エゴイズム」
の克服を目指して― 46

第4節 実践力の基礎となる臨床的態度 48

第3章 実践力を高める基礎の学び …………………………… 53

第1節 対人援助における専門性の位置づけ 53
1 対人援助の専門職 53
2 「専門性」という言葉の意味 57

第2節 専門性を支える基礎工事 58
1 事例：わかったつもりでは，できない援助 58
2 関係をはっきりさせるということ 60
3 事例：子育てに悩む母親に対する援助 63
4 自分を使うこと―知識や経験への態度― 65

第3節 対人援助技術を支える専門性とは 66
1 「見る」と「聴く」 66
2 事例：見る，聴く姿勢の問いかけ 67
3 「見る」から「見える」，「聴く」から「聴ける」専門性へ 68
4 事例：見えなかった，聴けなかったことに気づくこと 69
5 向き合うことから始まるかかわり 71
6 事例：問う，伝える専門性 71
7 対話的関係へ 76

第4章 教育における人間開発 …………………………… 79

第1節 「存在論的事実」と生きられる教育 79

1　足立理論と臨床社会福祉学　　79
　　2　社会福祉と個別性の問題　　83
　第2節　現代社会と他者性　　87
　　1　他者に向けられた自己変容　　87
　　2　ケアという社会性　　88
　第3節　経験と個別性の発見　　91
　　1　保育者養成機関における学生とのかかわり　　91
　　2　実習をためらうAさんとのかかわり　　92
　第4節　教育における「人間開発」　　96

第5章　臨床的態度に基づく研究 …………………………………… 100

　第1節　真の対象理解を目指して―研究の目的―　　100
　　1　「現実」の学　　100
　　2　対象理解から生まれる援助方法　　102
　第2節　鍛え抜かれた主観に基づく客観性　　105
　　1　主観と客観　　105
　　2　「共同主観」　　106
　第3節　実証的研究の試み
　　　　　　―防災対策に関するアンケート調査を通して―　　108
　　1　量的研究における実証的態度　　108
　　2　あるアンケート調査からの検証　　109
　　3　相手の「世界」を理解しようとする態度に基づく調査　　112
　第4節　研究に問われていること　　114
　　1　地域への応答としての大学の地域貢献　　114
　　2　大学の責任としての実証的態度　　115

第2部　人間関係学から臨床社会福祉学へ

第6章　生と死の援助への視点 …………………………………… 120

　第1節　終末期の患者へのソーシャルワーク援助
　　　　　　―かかわりを生きる力の発見―　　120
　　事例：病気になって母親と出会う　　121
　第2節　日常性を重んじるということ　　132

事例：日常の援助が問われる　　132
　第3節　死と向き合うソーシャルワーク　　139
　　1　関係から見えること　　139
　　2　自己投入するということ　　140
　　3　臨床社会福祉学のソーシャルワークへの視点　　142

第7章　関係的生としての人間理解と援助 …………………………144
　第1節　人と社会　　144
　　1　人にとっての社会　　144
　　2　「生物的生」とは―個体としての人―　　145
　　3　「機能的生」とは―社会の中で生きることと役割―　　146
　　4　「関係的生」とは―社会で生きることと他者との関係―　　149
　第2節　「危機」と支援　　151
　　1　「人」を捉える3つの視点　　151
　　2　3つの視点から捉えた「危機」　　151
　　3　「関係的生」への援助　　152
　第3節　「存在としての人」―援助の本質―　　157
　　1　生きる意味　　157
　　2　「存在としての人」を尊ぶ　　159

第8章　社会開発を生み出す実践 ……………………………………162
　第1節　現代社会における制度・政策への問いと社会開発　　162
　　1　「制度における人間」から「人間における制度」へ　　162
　　2　「人間における制度」への指針としての社会開発　　163
　第2節　集合としての地域から，かかわりからの地域へ　　164
　　1　地域の捉え方　　164
　　2　かかわりからの地域　　165
　第3節　社会福祉協議会における小地域福祉活動　　166
　　1　小地域福祉活動の目的　　166
　　2　活動の実践から　　166
　　3　かかわりとしての小地域福祉活動　　170
　第4節　関係としての地域　　171
　　1　かかわりを作る　　171

2　他者との関係を生きる　　　　　　172
　第5節　関係を生きる力としての「臨床社会福祉学」の視点　　　　174
　　1　関係を生きる力　　　　174
　　2　同一の世界に存在している人　　　　176
　　3　人間と共存しつつある人間　　　　176

終章　臨床社会福祉学の継承と展開 …………………………………… 179
　第1節　臨床社会福祉学は，何を目指すのか　　　　179
　　1　臨床社会福祉学に基づいた社会福祉実践　　　　179
　　2　臨床ソーシャルワークとは　　　　181
　　3　臨床ソーシャルワークの目的と臨床的態度　　　　182
　第2節　根源的な問いから生まれる臨床的態度　　　　183
　　1　人間存在への問いを発し続ける　　　　184
　　2　援助者の中に他者が存在する　　　　187
　　3　生活者として自らが生きる　　　　189
　　4　関係から意味を発見することができる　　　　190
　第3節　援助実践のプロセスを支える中心概念　　　　191
　　1　「臨床的態度」に基づいた実践上の中心概念　　　　191
　　2　苦悩の肯定化　　　　193
　　3　対話的関係を生み出す　　　　194
　第4節　臨床社会福祉学の継承と展開　　　　195

おわりに　　　203

索　　引 ………………………………………………………………………… 205

臨床社会福祉学の歩み

　多くの科学の営みがスピードを加速して先に進もうとしているのが現代である。そうした中で，ある目標へ向かっていくことに多くの人たちは熱中するが，その営みを確かなものにしてくれるのが，今あるものの基礎を根源的に確認することである。常に，私たちはなぜ，それを目指し取り組んでいるのかを明らかにするという地味な作業を続けていかねばならない。そのことが，あるものへ向かう取り組みを保証してくれる。

　すでに「はじめに」においても紹介したように，これまで筆者は『臨床社会福祉学の基礎研究』において，個人と社会の関係を明らかにすることを目指す「社会学」の視点を用いながら社会福祉学の方法論の理論化を試みた。本書においては，そのさらなる展開を目指す中で明らかとなった人間関係学的方法論をベースにし，社会福祉における研究と実践を担う専門職教育を人間開発という原点から展開していき，研究と実践分野を問わずその本質を明らかにしようとするものである。

　まず導入の本章においては，臨床社会福祉学における「研究・教育の場」と「実践・臨床の場」をつなぐことと，対人性が二つの基本的な視点となることを確認する。そうした視点を確かなものにしてくれるのが，本書に一貫して底辺に流れる臨床(的)という概念である。さらに関係概念としての臨床(的)は，本書で展開される関係性，共生といった臨床社会福祉学の理論的基盤となることを示していく。

第1節　臨床社会福祉学への二つの視点

　筆者が大学における社会福祉学の教育と研究の自らの視点およびテーマを，自覚的に「臨床社会福祉学」と初めて概念化したのは，今から19年前，『臨床社会福祉学の基礎研究』と題した書を執筆した時である。それまでは，どこかで社会福祉学研究というものを，一方では「社会福祉援助技術研究」と，他方では「社会福祉制度・政策研究」へと分断して，自らのアイデンティティを前者に置こうとしてきた。しかし，現在も勤務する大学に赴任以来20年近くにわたり主たる担当授業科目であった「ケースワーク論」の講義をしていく中で，その内容を，いわゆる「援助〈技術論〉」の枠組みに収めて事足れりとし，「人間にとって，そもそも援助とは何か」という人間学的な問いに言及しない，あるいは言及できないことに，常にどこかで違和感を拭い去ることができなかった。そうした違和感については，上述の書の執筆動機について，その書の「はじめに」で述べたことは，いまだに正直なところであり，筆者の臨床社会福祉学の教育と研究の出発点でもあり，原点でもある。少し長くなるが，それを改めてここで振り返り，参照しておきたい。

　　ケースワークを中心とした社会福祉における援助技術論の研究と教育を，改めて臨床社会福祉学として概念化しようとする筆者の問題意識のそもそもは，およそ次の互いに関連する二つの点に由来している。一つは，社会福祉の研究と教育における理論と実践，あるいは「研究・教育の場」と「実践・臨床の場」をつなぐ視点と方法への関心である。筆者は，大学における社会福祉教育に初めて携わったいまから24年程前［前掲書執筆時］，当時の学生諸君からよく受けた質問の中に，およそ次のような言葉があったことをいまでも鮮明におぼえている。「先生は，現場の経験をどれくらいお持ちですか」「現場では，大学で習った社会福祉学の勉強はほとんど役にたたないといわれています。大学での社会福祉の勉強って何ですか」といった［問いであり］言葉である。（中略）社会福祉，とりわけ実践とし

ての対人援助活動の教育は，現場での体験の中で，職人的，体験主義的に
おぼえていくものであるという意識や考え方が当時はまだ大学の内外を問
わず，一般的であったといってよかろう。すなわち社会福祉研究における
概念や理論と，現場での実践や臨床とがあたかも水と油の関係のようにみ
られていたといっても決して過言ではなかった。(中略)筆者の臨床社会福
祉学への問題意識の由来するもう一つの点は，上にみた社会福祉学への「臨
床」的視点の不可欠性にかかわる点である。すなわち，広く人間への援助
や指導にかかわる対人的学問，たとえば医学，教育学，そして福祉学の知
識や技術は他の学問のそれらにはない特徴である，そもそも人間が「人間
にある一定の行為をなすことを前提として発達してきている」(岡田喜篤)
という点への着目である。[(2)]

　こうした二つの視点に基づく社会福祉学の提起に際し，きわめて重要な意味
を有する概念として取り上げたのが，「臨床(的)」(clinical)という概念である。
この概念の重要性は，実は社会福祉学に取り組む人間のその取り組み方(「態度」)
を意味するところにある。それは，上述した二つの視点，すなわち社会福祉の
研究と教育における理論と実践，あるいは「研究・教育の場」と「実践・臨床
の場」をつなぐ視点にとっても，また社会福祉学の持つ「対人性」を「その学
としての存在基盤」において明確化するという視点にとっても，この「臨床
(的)」という概念によるその視点の理解はきわめて重要であると思われる。そ
こで，この概念の意味するところを，今一度改めて確認しておきたい。

第2節　社会福祉学を支える方法論的概念
としての「『臨床』的態度」

　「臨床(的)」という概念について，筆者にはいまだ鮮明に記憶に残っている，
かつてのある想い出がある。それは筆者の今から45年前の学生時代に遡るが，
『社会学における機能的と臨床的』と題する，社会学における機能主義方法論

に関する批判的検討を主題とした修士論文の口述諮問の席でのことであった。その席で，筆者の論文の副査をご担当いただいた社会学がご専門の某先生から，論文に対する好意的な評価をいただいたのだが，その評価の最後に，その先生から「ただ一つ気になったのは，あなたのいう臨床という概念は社会学とは相いれないんだよ」というコメントをいただいたのである。わが国では，当時はまだ「臨床社会学」という言葉すらない頃であり，人間の行為と社会の構造の連関を「機能」のシステムとして分析し，その体系の機能的連関を理論的に説明する学問が社会学であるという理解が一般的であったことを考えれば，「臨床(的)」という人間に対する実践的意味合いの強い概念を「社会学における」という表現で，社会学という枠組みの中で使うことは概念的な矛盾であるというその先生のコメントは当時としてはあながち間違ってはいない。しかし，その時の筆者の問題意識は，自分にとっての社会学そのものを，人間にとっての社会を「人間の生きている世界」として理解していく学問にしていくためには，「構造─機能主義」ではなく，人間を「人間として」理解していく人間学的な「存在論」(Ontology)に基づく社会学の方法論が求められているのではないかというものであり，その道を模索していたのである。

　いうまでもなく，今日でもなお「臨床(的)」という概念には一般的に，たとえば医療や福祉，あるいは臨床心理といった人間に対する治療，看護，介護などが行われている援助の「場」や「領域」を指す概念としてのイメージが優先すると言えよう。すなわち，それは「場(領域)としての臨床」として概念化されるものである。「臨床(的)」のそうした概念化に基づく限り，「臨床(的)」という概念はそうした場や領域に身をおいていない人間にとっては，そしてまた学問そのものにとっては無縁の概念であるのは当然である。その限りでは，「社会学という学問にとって『臨床(的)』という概念は相いれない」という先述の某先生のコメントは異論をまたないといえる。

　他方で，この「臨床(的)」という概念に関して修士論文に取り組む中で次のような恩師の先生方からの指摘と指導に出会ったことは，筆者にとって上述の問題意識をより明確化するうえで大きな意味を持つものであった。

臨床的（clinical）とは，ヨーロッパ中世における聖職者の独自な役割を意味した。病者の身体的苦闘が終わりに近づき死に臨むことが認められる時，全き孤独の不安におののく精神を創造者たる神との出会いへと導く営みである。このように臨床的とは，人間に対する全的配慮の態度を示す言葉である。
(5)

　こうした英語の clinical という言葉のもともとの意味に立ち還る時，すなわち「一人の人のために自己自身を投入し，その人と全人格を傾けて『ともにいる』態度」を意味する言葉であるという指摘に目を向ける時，この「臨床(的)」
(6)
という概念は，先にみた「場(領域)としての臨床」に対して，「態度(方法)としての臨床」として概念化されるものである。したがって，その意味での「臨
(7)
床(的)」とは，必ずしも実践の現場に限定される概念ではなく，広く教育や研究の場においても方法論的に開かれた概念として，すなわち実践や教育や研究の如何を問わず，それぞれにおけるその対象への「態度」ないし「かかわり方」を問う概念として理解され，共有されうるものであるといえよう。そしてその後，最初でも述べたように，19年前筆者が大学における社会福祉の教育と研究の視点とテーマを「臨床社会福祉学」として概念化するに際して，そこで目指したのは社会福祉学を「場としての臨床」に基づく社会福祉の「現場についての学」に限定するのではなく，「臨床(的)」の概念を，「態度(方法)としての臨床」として概念化することにより，社会福祉における「理論と実践」ないし「研究・教育と現場実践」とを双方向的につなぐ社会福祉学である。すなわち，「理論研究は現場的に，現場実践は理論的に」という視点を含んだ「臨床的態度」に基づく社会福祉学の提唱としての「臨床社会福祉学」である。すなわち，ここでいう「『臨床』的態度」においては，「現場的(態度)」と「理論的(態度)」は相対立するものではなく，互いに不可分な自己同一性に基づく二つの態度として捉えることがきわめて重要であると言えよう。

第3節　臨床社会福祉学における「関係性の学」と「共生の思想」

　さらに臨床社会福祉学のもう一つの視点である，社会福祉学における「対人性」をその「学としての存在基盤」において明確化するという点においても，「態度（方法）としての臨床」の概念の持つ意義は大きいと言えよう。この概念の基本的意義は，それが「関係」概念であるというところにある。筆者にとって，そうした「関係」概念としての「臨床（的）」を基本とした臨床社会福祉学を支える理論的基盤となるのが，一つは，早坂泰次郎によって提唱された「人間関係学」[8]と，そしてさらに一つは，近代仏教社会事業の先駆者の一人である長谷川良信の「共生の思想」[9]からの示唆である。

1　臨床社会福祉学と「関係性の学」の視点

　臨床社会福祉学における「態度（方法）としての臨床」概念が「関係」概念であることを明確にしていくことは，それは同時に，社会福祉学の基本的性格である「対人性」をその「学としての存在基盤」そのものにかかわることとして明らかにしていくことを意味する。こうした臨床社会福祉学の課題にとって，わが国で初めて人間関係の問題を現象学的視点に基づく「存在論」として言い換えれば，私たちがその日常の自然的態度においてしばしば忘却し見失っている人間関係への関心，すなわち「人間は本来誰しも，一人では生きてはいない」という存在論的事実（「関係性」）の臨床的発見にいち早く取り組んだ早坂泰次郎の「人間関係学」は大きな示唆を与えてくれるものである。

　そうした早坂泰次郎における人間関係学の視点と方法の持つ独自性と，それが臨床社会福祉学にとっての理論的基盤であることの意味について，筆者は次のように理解している[10]。

　早坂泰次郎は，わが国において，人間関係という問題とそれへの関心を，いわゆる人間関係論（human relations）としてのそれではなく，人間関係学（study of interpersonal relatedness）として自覚的に捉え，その意味を明確化した最初の人である。そして，その人間関係学の視点と方法の持つ独自性は，およそ次

の三点に集約されるといえよう。

　第一は，人間関係ということの事実とその概念を，たとえば心理学や社会学，また社会心理学などの人間に関する学問の分析対象としてではなく，それらの学問の人間理解を支える存在論的根拠として明確化したということ。第二は，したがってその人間関係学は，いわゆる心理学的人間関係学，社会学的人間関係学，社会心理学的人間関係学といった，それぞれの学問分野の枠組みに基づく領域論としてではなく，それらの学問の基礎構造，すなわち，そこにおける人間理解の「方法の学」(方法の学としての人間関係学)として取り組まれてきたものであるということ（その人間関係学が，人間的事象や社会的事象を「人間の関係性への視点において見ていく」方法としての現象学という意味で，「現象学的人間関係学」と言われる所以もそこにある）。第三は，さらにその人間関係学は，人間に関する既存の学問による「人間関係への学」ではなく，私たち人間における人間関係の存在論的事実の発見に基づく「人間関係からの学」であり，それゆえ，それは「関係性の学」であるという点である。ここでいう「関係性」(relatedness)という概念は，近年よく目や耳にする言葉であり，通常は，それは「関係の状態」や「関係の持つ機能性」を指して使われることが一般的であるといえよう。しかし早坂は，この概念を私たちが本来「関係を生きる人間」であることを，意識以前の境位において根拠づけている存在論的事実を指すものとして概念化しているのである。こうした人間における「関係性」の発見とその概念化は今日，どこかで知らず知らずのうちに独我論的個体主義に陥りがちである私たち現代人にとって示唆深いものがあるといえる。

　ここでみた人間関係学を特徴づける三つの視点は，臨床社会福祉学にとって，その「学としての存在基盤」そのものであるといえる。したがって，臨床社会福祉学とはこの人間関係学に基づく社会福祉学であり，さらには「関係性の学としての社会福祉学」への取り組みを意味すると言えるであろう。

2　臨床社会福祉学と「共生の思想」の視点

　臨床社会福祉学を支える理論的基盤のもう一つは，わが国の近代仏教社会事

業の先駆者の一人であり，筆者の勤務する淑徳大学の創立者である長谷川良信による「建学の精神」とそれを支える「共生の思想」である。本章の冒頭でも述べたように，筆者が大学での社会福祉の教育と研究に取り組み始めたのは，淑徳大学の教員として勤務してからであり，そこでの大学の「建学の精神」に基づく教育活動に携わって以降のことである。したがって，淑徳大学における社会福祉教育を支える「建学の精神」に触れることによって，筆者にとってそれまでは社会福祉とは直接かかわりを持たなかった人間関係学を臨床社会福祉学へと展開していく問題意識がより明確化されたといえる。淑徳大学の「建学の精神」は大乗仏教の精神に基づく「共生の思想とその教育」である。したがって，筆者にとってその臨床社会福祉学は「共生の思想」に基づく社会福祉の教育と研究と無縁ではないのである。

　この「共生」という概念は，もともと，大乗仏教の基本思想としての「縁起観」に基づく言葉であり，それは西欧における独我論的個体主義に相対すると言ってもいい，仏教思想の基本的な存在論に支えられた言葉である。すなわちそれは，私たち人間存在の基本的ありようにかかわる言葉であり，かつそれはまた，人間や社会のありようを問題にし，そのアクチュアリティとしての現実にかかわっていく時の基本的な視点と態度を意味している言葉だと言えよう。こうした縁起観に基づく「共生」の概念の意味についての下記にみる長谷川良信の言葉は，臨床社会福祉学における「態度としての臨床」の意味理解にとっても，その示唆するところはきわめて大きいと言える。

　　「救済は，相救済互でなければならない。即ちフオアヒム（彼の為に）ではなくて，トギヤザーウイズヒム（彼と共に）でなければならない」[11]

　　「すでに萬有は悉く因縁会遇の結果であって，一として個体的存在はない。したがって人間，動物などの生物に於いても勿論個在としての自我なるものは無いのであって，畢竟無我である。かくして仏教は自我を打破し，無我に体達することによって，自己の徹底的解放を得るというのである」[12]

「一切を共存共生の上に眺めてこそ始めて真実の識見を樹立することができる」[13]

さらにまた，長谷川良信は淑徳大学の開学に際しての言葉の中で，入学して来る学生に対して「格物致知の手法を傳授したいと思う」[14]という言葉を残しているが，この言葉も「トギャザーウィズヒム」の思想と切り離せないと筆者は理解している。この「格物致知」という言葉は陽明学における「実証的精神」を意味する言葉だと言われる。すなわち真に対象を理解し，それについての知識を得るということは，対象に先だってこちら側の知的な観念や机上の知識や理論でもって対象を覆い尽くすことではなく，先ずその対象に「即して」（格物）初めて可能であるということをこの言葉は意味している。したがって，長谷川良信のいう「格物致知の手法」における，その対象へのかかわりかたは，「フォアヒム（彼の為に）」（「トゥヒム」〈彼に対して〉を含む）という一方向的ないし自己中心的な態度によるのではなく，それはどこまでも「トギャザーウィズヒム（彼とともに）」という態度において初めて実現されるのだという意味であると筆者は理解するものである。つまり，社会福祉学における対象の理解とは，その対象に「即して」，その対象と「ともに」目指すものであり，その理解はその時，互いに共有される（理解し合う）ものなのである。このことは，臨床社会福祉学にとっては方法論的原点であるといっても過言ではない。

以上，筆者にとっての「臨床社会福祉学」のこれまでの歩みをその個人的な体験を交え述べてきたが，その歩みの理論的基礎を支えてきたのが，早坂泰次郎の「人間関係学」と，淑徳大学の「建学の精神」を支えている「共生の思想」であることに再度目を向ける時，むしろ「臨床社会福祉学」のこれからの歩みの中で，その二つの理論的基礎のより一層の統合への営為が，筆者の個人的提唱を超えて，本書の以下の各章の執筆者に受け継がれ，それぞれの実践，教育，研究の中で着実に展開されていくことを今後とも期待するものである。

注

(1) 足立叡『臨床社会福祉学の基礎研究』学文社，1996 年
(2) 同上書，pp.i-iii
(3) 近年では，社会学の分野において下記の文献にみられるように，「臨床社会学」という言葉が提唱されてきている。しかし，そこでの「臨床」概念は「臨床現場での社会学」といわれるように，「場（領域）としての臨床」を前提としたものという印象が強く，社会学の研究態度そのものを問う概念としての意味は希薄である印象が否めない。
野口裕二・大村英昭編『臨床社会学の実践』有斐閣，2001 年
(4) 日野原重明編『アートとヒューマニティ』中央法規，1988 年，p.52
(5) 岩井祐彦「発刊のことば」『立教大学社会福祉ニュース・第 1 号』立教大学社会福祉研究所，1973 年，p.1
(6) 日野原編，前掲書，p.51
(7) 同上書，p.52
(8) 早坂泰次郎『人間関係序説』川島書店，1991 年
(9) 長谷川匡俊監修『長谷川良信全集』（全 3 巻）日本図書センター，2004 年
(10) 早坂泰次郎の「人間関係学」に関する筆者の理解の詳細については下記を参照されたい。足立叡「早坂泰次郎とその人間関係学―『関係性の発見』と『良心的エゴイズムの克服』―」畠中宗一編『現代のエスプリ　対人関係の再発見』468 号，至文堂，2006 年，pp.73-81
(11) 長谷川監修，前掲書，第 1 巻，p.86
(12) 長谷川監修，前掲書，第 2 巻，p.35
(13) 同上書，p.26
(14) 同上書，p.600

参考文献

足立叡「長谷川仏教社会事業にみる臨床的視点とその意義―長谷川仏教思想における『縁起』と『無我』の概念を中心に―」『長谷川仏教文化研究所年報』第 22 号，大乗淑徳学園長谷川仏教文化研究所，1998 年，pp.86-98

足立叡『臨床社会福祉学の基礎研究』学文社，1996 年

足立叡「早坂泰次郎とその人間関係学―『関係性の発見』と『良心的エゴイズムの克服』―」畠中宗一編『現代のエスプリ　対人関係の再発見』468 号，至文堂，2006 年

足立叡「学祖・長谷川良信の教育思想における『実学』概念とそれを支えるもの―現代の大学の教育・研究におけるその現代的意義を考える―」『長谷川仏教文

化研究所年報』第 32 号（上），大乗淑徳学園長谷川仏教文化研究所，2008 年，pp.201-218
岩井祐彦「発刊のことば」『立教大学社会福祉ニュース・第 1 号』立教大学社会福祉研究所，1973 年
野口裕二・大村英昭編『臨床社会学の実践』有斐閣，2001 年
長谷川匡俊監修『長谷川良信全集』（全 3 巻）日本図書センター，2004 年
早坂泰次郎『人間関係序説』川島書店，1991 年
日野原重明編『アートとヒューマニティ』中央法規，1988 年

第1部　基礎学としての人間関係学

第1章 人間関係の現象学―対象化への視点―

　今日では，科学の進歩により多くの分野で難問が解明されるようになったが，人間関係にかかわるテーマや課題は生活や仕事の多様化の中でむしろ広がり，深刻さを見せている。そのため，人間関係にかかわる専門職の種類が増えており，またその役割も細分化されてきている。

　他方で，前記のような状況にもかかわらず，相変わらず人間関係にかかわる研究者や専門職の間で〈人間関係そのもの〉の共通理解がなされていない現実がある。そのことは，人間関係が研究や実践の対象や手段としてだけではなく，すべてのことの基盤になることに由来している。したがって，人間関係学はこの基盤を明確にすることから始まるのだが，その取り組みには多くの人たちが自明としている科学的根拠を問いかけることが必要となる。

　本章においては，基礎学としての人間関係学の立ち位置を明確にするため，敢えて「現象学」というタイトルを付した。それは，フッサール(Husserl, E.)が現象学の基本的性格を「基礎づけの徹底主義であり，絶対的な無前提性への還元であり，或る根本方法である(1)」と示しているように，人間関係において通常の研究や実践において自明とされている前提を徹底的に問いかけるという態度を表すためである。

第1節　人間関係―分野から共通の基盤という発想へ―

1 分野や領域としての専門性への問い

　多くの人が専門と言う時，ある分野や対象を限定し，それらの内容や問題に

関して専門と言われるのが一般的である。社会福祉学の研究者間においても，たとえば「Aさんは〇〇福祉分野を専門にしている」と話されるのをよく耳にする。反対に，研究者が自分の専門分野外のことを聞かれると「それは私の専門ではないので勘弁して欲しい」という対応になることが多い。

　専門という一般的な発想からすれば，「人間関係」も一つの分野として同様に位置づけられることが起こるだろう。社会福祉学ではないが，看護師養成課程においては「人間関係論」という名称で人間関係について学ぶ科目があるのが一般的である。そうした際に，専門的に学びたいと思っている学生にとっては，小児，成人，老年，地域看護などと同様に一つの分野として捉えられることは容易に想像できる。

　さて，ここで冒頭に指摘した人間関係の課題の広がりや深刻さに目を向けてみよう。実践の現場では，縦割りによる分野の専門性では対応できない現実が起こっている。たとえば，妻が脳梗塞のため家庭で医療的処置も含めて介護が必要な状態にある事例から考えてみよう。病院側はサポートを家族に期待したいのだが，夫は統合失調症，成人した娘が二人いるのだがどちらも「うつ病の疑い」という中で在宅ケアを行っている。妻の介護をどうするのかということだけでなく，家族の健康や生活を安定させるにはどうしたらいいのか，といった様々な課題が複合していることがわかる。そのため，医師，看護師といった医療職とソーシャルワーカーをはじめとした福祉・介護職などとの連携をすることが必要となるが，同時に問題を適確に見るためには専門分野の殻を出て，困っている人やその人たちの課題を全体的に見ることが必要になることがわかろう。

　各職種がそれぞれの専門的な視点から全体的に見ていくアプローチをし，さらにチームとしての取り組みで成果が問われている。そうした中で，直接的に専門職と患者や家族との人間関係，さらに専門職同士や関係者の人間関係の中で援助がなされている。実践を見ていけば，どの職種もクライエントという人を相手にしているのだから，当然のことだが常に人間関係があることがわかる。したがって，人間関係は高齢，障害，児童といった横並びの分野としてあるのではなく，実践をするための基盤として常にあることは明白である。もちろん，

そのことは実践に止まらず,科学における人間関係の位置づけを示していることになる。

2　基盤となる人間関係の意味

　この事例の検討においては援助者が相手をどのように受けとめているかが,専門職の対応に大きく影響することがわかる。医師や看護師はそれまでのやり取りから,この家族では適切な対応ができないと判断していた。そのため訪問看護で約束した日時に家を訪ねた時,長女から「今日は帰ってくれ」と言われ,やっぱりダメな家族だと思ってしまう。ところが,ソーシャルワーカーが後で確認すると父親が不穏な状態であったため,他人が家に入ることで状態が悪化することを恐れての長女の発言だったことがわかる。したがって,対応ができない家族ではなく,むしろ適切な行動ができているのだが,それまでの相手の理解と人間関係から適切な判断ができないことが起こる。もちろん,長女がどのように伝えたか,看護師が言葉だけではなく相手をどのように受けとめたかがポイントになるのだが,ここに基盤となる人間関係の課題が見えてくる。

　起こっている問題に対処するための手段としての人間関係ではなく,人間関係そのものがクライエントと専門職の向き合い方,さらには必要な役割をとったり,創ることができるかを表している。したがって,単なる職種の特性の問題ではなく,個々の援助者の相手にかかわる態度にかかわっているのだが,かかわること自体が相手に影響を及ぼし,相手を動かすことになる。このことに関してメルロ＝ポンティ（Merleau-Ponty, M.）は,「理論はすべて同時に実践であり,逆に行為はすべて了解関係を前提にしています。教育者と子どもとの関係は状況にとって副次的なものではなく,それこそ状況の本質をなすものです」と指摘している。[2]

　一般的に考えれば,理論を最初に構築して,次に臨床の場で応用するという順番になる。ところが,メルロ＝ポンティの示唆をヒントにすれば,ある人が理論を考えている時,すでにその人の実践や基盤となる人間関係が反映されていることになる（図1-1）。さらに,実践するという行為は一方通行なもので

図1-1 理論と実践の相互包摂的関係

はなく，必ず相互的になるという了解関係があることを教えてくれている。そして，教育者と子どもの関係とは，そのまま援助者とクライエントの関係に置き換えることで，共通して状況の本質となっていることがわかる。したがって，両者の関係を示す人間関係を援助者がどのように考えるかではなく，どのように生きているかが問われることになる。

　私たちが人間関係を科学や実践の基盤として提唱することは，先のメルロ＝ポンティの引用からもわかるように，研究者であれ，臨床家であっても自分自身の人間関係が理論や実践に表れているからである。そのため，自分の人間関係を横に置いて第三者的に人間関係を考えることは不可能である。ところが，自分のことを除外して人間関係を論じることが，客観的な態度をとることだと勘違いしている人がいまだに多い。こうした態度に，実はすでに自分の人間関係が表れているのだが，端的に表現すれば他者の対象化はためらいなくするのだが，自分が対象化されることに嫌悪感を持っている。そのために客観的であることを求めているにもかかわらず主観的なままになっており，人間関係に対する見方は曇ってしまっている。

　保健医療・福祉分野では，専門性を確かなものにするためにエビデンス（evidence）を明確に示すように指摘されることを聞くことが多い。人間関係についても同様なはずであるが，実際に正面から取り組まれることはほとんどない。その理由としては，研究者や専門家が基礎となる自分自身の人間関係に対する

考えを明らかにしないからであり，先に示したようにそれらは主観的なことであり，エビデンスにはならないと思い込んでいるのである。しかし，科学の基盤となる人間関係の基礎づけを抜きにして専門性を語ることは，砂上の楼閣となる。フッサールにしたがって，科学的発想の前提となっていることを明らかにし，基礎から徹底的に根拠となることを問いかけることが必要になる。

第2節　主観や感性に支えられる客観性

1　主観に対する態度

　人間関係は社会生活をする上で誰にとっても，いつでも，どこにでもある。空気のようにあたりまえにあるがゆえに，そのこと自体を正面から科学的，あるいは専門的に論じられることは少ない。反対に，専門家ではないたくさんの素人にとって一言あるのが人間関係である。なぜなら，誰もが家族や友人，会社の人間関係で悩んだり，喜んだりしながら生きているからだ。

　ある個人が人間関係に悩んで感じていることは，主観的ではあるが当事者にとっては切実なことである。単に相手へ言葉をかけるだけでは適切な対応とならないし，却って問題をこじらせてしまう経験をした人もいるだろう。取り組まねばならないのは，なぜ彼女（彼）がそのように感じ，受けとめるかということを理解することであり，そのことは同時に彼女をわかろうとすることにもなる。このように人間関係にかかわる課題とは，出発点から個人の主観的なことであり，その課題に取り組んでいく過程においてもクライエントと援助者の主観を抜きにして行えないことがわかる。したがって，主観とは課題に取り組むために邪魔なものではなく道標になるのだが，そのことが正しく理解されていない現実がある。それは，私たちが主観ということに対してどのような態度をとっているのか，さらにはエビデンスの基にある客観ということに対してどのような考えを持っているかにかかわっている。

2 根底にある人間関係の考えへの問い

具体的な人間関係の例から検討してみたい。看護管理者のグループ研修で「かかわりが難しい部下」との関係がテーマになることが多いのだが，ある参加者（Bさん）は研修前レポートで次のように考えていた。

> 私は，これまで相手を問題のある部下と決めつけ，理解しようとしていなかったことに気づいた。そのため，管理者として問題のある部下にどのように対処するかということに焦点を当て，"相手をどうするか"という発想で行動していた。しかし，現実には相手は簡単に変わってくれず，悩んでいた。同時に，仕事をスムーズに進めるために部下とよい人間関係を維持しておきたいと思っていることにレポートを書くことで気づいた。[3]

研修を行っていくと，このレポートにあるような難しい部下への対応で悩んでいる人が相当数出てくる。そのため，こうした問いかけから管理者の役割を担うには，自分を見つめ直し，"自分が変わる"ことが必要だと研修を通して結論づけている受講者が多くいるのに驚いた。しかし，相手を変えられないと同様に，私たちは自分を変えることもできない。また，もし変わってしまったら，管理者の役割を担うことで別人になってしまう。現実はその反対で，役割を担うことで，その人らしさが表れてくる。

レポートでBさんが難しい相手と感じているのは，主観的に思っていることである。別の管理者であれば，部下のことを少し自己主張は強いと思っても難しい人とまでは感じないかもしれない。続いて，相手を理解しようとしないで，課題に気づいて変わってもらうにはどうしらいいのかと行動していたことがわかる。相手に変わってもらうというこの発想も，Bさんの主観に基づいている。こうした一連の自分の主観に，レポートを書くことで気づくことができた。しかし，研修を通して共通の悩みを持つ参加者と話し合うことで相手に求める

が無理だとわかり，それならば自分が変わらなければと考えている。せっかく自分の主観に気づいたのだが，自身の主観を問うことを徹底できていないために，自分が変わるという現実的ではない発想に陥っている。

　ではどうしたらいいのだろうか。自分か，相手かどちらかの問題という捉え方ではなく，Bさんにとって必要なのはレポートを書く中で感じた"よい人間関係"に対する問いを徹底させることである。仕事を円滑に進めるということ，その目的を達成するために機能としての人間関係を考えていることが彼女の根底にあるのがわかろう。もちろん，Bさんだけではなくて多くの管理者が自分を守るために，よい人間関係を維持しようとしている。このイデオロギーのように強固にあるよい人間関係と対峙することで，個々が自分の主観を明らかにすることができるのだが，簡単にはいかない。なぜなら，自分だけを大切にして行っていることなのか，それとも相手を，そして同時に自分を大切にしようとしているのか，自分自身の人にかかわる態度をハッキリさせることになるからだ。

3　主観を大切にすることが客観化への道

　根底にある人間関係への考え（主観）を明らかにすることは，頭で考えるのではなく個々の日常の人間関係に対するスタンスを明らかにし，自分自身が問われることになる。当然だが，小手先で対応するのではなく自分を賭けて決断するからこそ適切で，客観的な対応になっていく。客観的に現象を捉えようとするならば，主観は排除されるものではなく，逆に大切にすることが必要だとわかる。なぜなら，個々の主観とはその人らしさであり，それを捨てたら自分ではなくなってしまうからだ。他方で，自分の主観を大切にすること，自分を大切にすることは簡単ではない。実践のレベルでは「できていない自分を明らかにし，受け入れること」から行わねばならない。こうした動きができれば，Bさんは管理者として適切で客観的な対応をすることができる。

　このように検討してみると，客観的な答えがどこかに存在しているのではないことがわかる。反対に日々の具体的な人間関係の中で私たちは様々な発見ができる。しかし，発見したことが個々にとって既成事実になることで，また主

観になっていく。したがって，私たちができることは客観的になっていくことであり，この歩みにゴールはない。また，どこまでも未完成なのだが，それゆえ可能性に開かれている。

4　感性に支えられた理性

　クライエントの問題が複雑化・深刻化する中で，臨床現場では援助者に実践力が求められている。援助者は難しい場面で判断して決定をするのだが，これまでの議論からすれば主観に基づいてより客観的な判断をすることができる。たとえば「今，クライエントを直接的に支えた方が，あるいは支えない方がいいのか」と決定するのはデータや情報からだけでなく，最終的に援助者がどのように感じるかで決まる。したがって，私たちは感性に支えられて決定するのだが，そのことは一般的に考えられる理性的な行動と矛盾しない。両者が相反するかのように考えられるのは，通常は感性が個人的なものであり，主観的なものと判断されているからである。しかし，先に確認したように主観は排除されるものではなく，大切にされるものだとわかった。感性についても同様のことが指摘できるし，また気持ちが動くと実際に行動できる。したがって，確認しなければならないのは〈理性〉に対する考え方である。

　理性的な判断がなされているかを確認しようとすると，合理的な考え方であるか，さらには感情に左右されずに冷静な判断がなされているかなどに関心が集まる。そこで，合理的な考えを支えるものに注目してみたい。精神分析による〈合理化〉への指摘に見られるように，広く社会で認められ，多くの人から賛同が得られることが合理性の根拠とされていることがある。そのことに関して，フロム (Fromm, E.) は「われわれが羊である限り孤立を恐れて群れに従う。しかし，われわれは人間であり，自覚をすることができ群れから独立した理性を持つものである」(4)と指摘する。つまり，考えるということで合理的な判断をしているように見えるのだが，実は社会や集団の常識にしたがっていることが多いのである。

　反対に，理性的な判断とは，個々の感性に基づいて確信されたことの表れで

ある。フロムによれば「この場合，思想はその人の全人格に発するものであり，そして感情母体（emotional matrix）を持っている[5]」ことになる。したがって，観念や単なる意見とは異なり，常識や標準に対して自由なのであり，単なる意見ではなく私が表されていることになる。その時，個人的なことから出発しているのだが，それは個人を超えたものとしてエビデンスを意味することになる。

第3節　関係的存在としての人間理解

　前節までにおいて，人にかかわる科学や実践において人間関係が基盤になることの意味を確認した。続いて客観的に人間関係を理解しようとするならば，主観を排除するのではなく大切にすること，主観に対するスタンスが科学としての根拠になることを示した。では，そうした人間関係学においては人間をどのように理解しているのだろうか。また，その理解はどのように考えるかに止まらず，具体的な研究や実践の方法へ波及することになる。なぜなら，すでに確認したように理論を検討する時に実践がすでにそこにあり，理解が実践における相手との了解的な態度として表れるからである。

1　根強い個が先にあるという発想

　援助者ならば誰もが経験しているのが，相手との"距離"についてだ。たとえば，相手のことをわかろうとして近づくのだが，近づきすぎることで苦しくなり，今度は意図的に距離をとろうとする。学生は仲良くなった友達とよい関係を続けたいために，いつでも相手と近い距離でいようとするのだが，常に同じ距離でいることが難しく感じるようになる。その結果，無理してつき合うのか，グループを離れるかということで悩むことになる。

　前記の例において，〈個と関係〉がテーマとなっているのだが，援助者，学生に共通していることがある。私がまずいて，別個に存在するクライエントや友達との関係を作ろうとしている。つまり，私や相手が初めにあり，その両者が関係を二次的に作るという考えである。また，関係の中で私が困り，そのた

めに関係をどうしたらいいのかと考えている．相手のことは忘れられ，自分が困らないようにするための行動になっているのは明白だ．

　私たちが人間関係を根源から問いかけていくと，避けて通れないのが〈個と関係〉をどのように位置づけるかというテーマである．多くの人は日常的に関心を持っていないことだろうが，理論や実践において無意識の前提とされていることであり，同時に研究や援助の目指す方向にも大きな影響を与える．ここで注目して欲しいのは，先の例でも私が先にあり，次いで他者との関係を作るという発想をしている．また，「大人になるとは，自分が確立されていることであり，相手に働きかける際にはまずよく考えてから行うべきだ」と言われる．その背景にはまず自分があることが大切であり，次に他者とかかわって関係作りをするという考えがあることがわかろう．

2　はじめに関係がある

　では，なぜ前記のような発想をあたりまえにするのだろうか．先の大人の例とは反対の極にあるのが幼児の人間関係である．発達心理学で指摘されているように，幼児は他者との未分化な関係を生きている．さらに，母親をはじめとして重要な大人との関係で成長する，あるいは言葉を獲得する．こうした事実は，幼児が自己として確立する以前に，関係を生きていること，つまり関係が先にあって私が生まれることを示している．ところが，多くの場合に，大人になること，とくに考えることを重視することで，関係よりも先に自分のことを考えるのである．

　学生と接していると，人間関係をとても気にしている学生が目立つ．自分が友達からどのように思われているのか，自分の居場所がなくならないように相手との関係を気にしている．そうした傾向は学生に限らない．研修で出会うソーシャルワーカー，看護職の人たちも同様である．相手の話を聴いた時に，どのように受けとめたかを返すのではなく，自分の中にある経験や意見を話すのである．そして，たくさん話すことができ，長く会話が続くことでよい関係ができると思っている．そのため，グループ研修の場面で相手の話に対してちが

いや疑問を感じても表さないことで，相手をまた自分を大切にするチャンスをなくしている。このように彼女たちは人間関係に対して共通して敏感なのだが，そのために失っていることにはとても鈍感である。

　前記のような例は，相手との関係を考えてから行動することを示しているのだが，考える前に相手との関係を生きているということが忘れられている。対象として取り上げる以前に，すでにあると言うことができよう。このすでに生きている関係，中でも人間関係を表す体験概念が〈関係性(relatedness)〉である。早坂はそのことを「人はもともと一人では生きていない(生きられないのではない)[6]」と表現したのだが，先の例のように生きているがゆえに気づくことが難しい。他者と真剣に向き合って生きる時，私たちは関係性を発見するのだが，多くの場合に他者に教えてもらって発見することになる。

　我と汝，我とそれの二つの根源語から人間を存在論的に明らかにしようとするブーバー(Buber, M.)は，「はじめには関係がある[7]」と言い，我が対象として生まれる前に関係を生きていることを教えてくれている。この〈関係の先験性〉というブーバーの人間理解も関係性と同様のことを指摘している。では，こうした関係的存在としての人間理解に基づくことで，私たちは個々の生きる課題をどのように描くことができるのであろうか。

3　生きるとは人間になるという歩み

　関係性として存在論的に人間を理解することは，従来の個体モデルとしての静的な人間像(たとえば自己実現的人間)ではなく，動きの中にある生き生きとした人間理解への展望を拓いてくれる。ここではいくつかの基本的なテーマとなることを紹介し，理論や実践を高めるための可能性を示してみたい。また，本書のこれ以降の章において，研究，教育，実践の基礎となる課題を明らかにする作業を通して，生きた人間の理解に役立つ視点や考えが展開されることになる。

　自分が主体となって問いを発することを強調されるのが一般的だが，私たちが人生の意味を問うのではなく，「人生から問われたことに私たちが応える」[8]

ことを強調するのがフランクル(Frankl, V. E.)である。さらに「人生は私たちに毎日毎時間問いを提出し，私たちは詮索や口先ではなく，正しい行為によって応答しなければならない」[9]と迫る。これは彼がアウシュビッツをはじめとした四つの強制収容所の体験を通して確信したことであり，まさに生き様から明確にしたことなのだが，その後の医師としての臨床や研究の基礎となっている。このフランクルの指摘は，極限状況におけるものだと考える人もいるだろうが，実は平凡な日常の中にも登場している。要は，私たちがそのことに気づけるかどうかなのである。たとえば，友達の話を聴いて「明らかに自分はちがう，なぜそんなふうに考えるかがわからない」と感じているのに言わない時がある。そのまま伝えたら，相手から返ってくる反応が怖いからだ。実は，この瞬間に私たちは問われているのだが，問われないように逃げている。したがって，特別な体験をしなくても，生きる意味を発見する機会は常に身近にある。

　こうした日常に埋没する態度とは，フランクルを援用すれば「苦悩する」ことと向き合わずに済ませていることになる。問われたことに応えるには，「私たちは苦悩する力を獲得することが必要であり，さらに相手を苦悩させること」[10]で他者を大切にできることになる。そして，どんな厳しい状況や運命にさらされても，「苦悩することで人間は自己決断でき，成長することができる」[11]と明言するのである。このように，人間を固定されたかたちで〈ある〉ものとしてではなく，常に〈なる〉ものとして理解することができる。

　一方で，何ものかに向かって志向することは，こちらから働きかけるのではなく，むしろ与えられていること，受けとめることが意味を持っている。相手とのちがいを受けとめる，さらに自分の不完全さや弱さを受けとめることが，個々の生きる力になる。そうしたことは，一人でできることではなく，受けとめてくれる相手がいることで可能になる。私たちは一人では生きていないことを忘れてはならない。

第4節　対象化への視点—〈見える〉の発見—

　前節において，人間を関係的存在として理解することの意義を示した。その理解を常に基本において，科学をする，実践をすることが人間関係学の真骨頂である。ここでは，研究や実践の対象である他者をわかるということを〈対象化〉というテーマとして論じていく。その基本となる足場を〈見える〉ことに置き，私たちが相手を見ているのだが，見えているのか。見えるようになるにはどうしたらいいのかを基礎づけることを行う。

1　相手がいるということ

　対人援助の研究や実践とは，あたりまえのことだが対象となるクライエントが存在することで成立する。また，クライエントは生きていくうえでの悩み，生活の困難さを抱えているのだが，援助はそうしたことを理解できないと始まらない。突き詰めていくと，相手のことをわからないと実践はできないと言うことができよう。

　事例検討やスーパービジョンによく提出される困難事例には，通常のやり方では簡単に対応できない，あるいは理解できないクライエントが共通して登場してくる。援助者は，「威圧的態度が怖い」「毎回言うことが異なり，相手のことがわからない」「約束したことをしてくれない」といったことを感じている。相手がいないと援助はできないのだが，今度は相手がいることで援助が難しい，できないと言うのである。いつもの方法が通用すれば悩むことはないのだろうが，真面目に実践していく援助者ほど対象者に悩まされる，あるいは問われることに直面することになる。そうした現実が示しているのは，クライエントを単に援助の対象とするのではなく，先に示した関係的存在として理解することの必要性なのである。

　当然のことだが，関係的存在には援助者自身が含まれているし，含まれていなければ意味がない。また，実践においてクライエントは援助者と無関係に存在してはいない。ところが，研究者や専門家が自分と切り離して対象を知ろう

とする態度は，自分がクライエントと関係的存在ではないことを暗に示していることになる。そうすることで外側から第三者的に相手を細分化して分析できると考えているのである。怖いのは，先に示したような難しいクライエントと出会った時，援助者が自分を守ろうとして対象化する態度をとって相手を遠ざけ，適切な対応ができなくなることである。相手を理解するために，どのように相手のことを見，聴いているかという基本的な援助者の態度が問われているのだが，その問いから逃げてしまうのである。このように関係的発想から課題へと正面から向き合うことで相手をわかることが可能になるのだが，それには対象化というテーマに潜む難題へチャレンジすることが必要になる。その鍵となるのが，対象化の基本となる相手をどのように〈見る〉のか，〈見えている〉のかというテーマである。

2 見ることの検証―見るから〈見える〉へ―

　援助者は実践においてクライエントや家族，そして取り巻く環境を見て判断する。そこでは自分が見えているものを基にしてアセスメント，援助計画の立案や実行，モニタリング，評価などをしていく。したがって，そのプロセスの中で対象化することを行っているのだが，援助者が相手のことをどのように見，聴いているかが，その取り組みを大きく左右する。

　一般的に，研究者や臨床家が主体となって見る，あるいは専門的に観るという態度で，対象のことが語られてきた。同様なこととして聞こえるのではなく，こちら側が主体的に聴く，あるいは積極的に傾聴するということが強調されてきた。そうした態度に対象化の考えが表れているのだが，共通しているのは研究者や臨床家が，自分とは別に存在する，あるいは意図的に切り離した対象へ積極的に働きかけるという構図である。果たして，そうした対象化によって相手のことを十分に理解できるのだろうか。

　輸入された欧米の対人援助の理論や原則では，前記したように援助者の能動的なかかわりとして，見る，聴くが位置づけられていることがわかる。それに対して，私たちは日常の中で，「ある景色を見て若い時に見えなかったものが，

年をとることで見えるようになってきた」といったことを体験している。このように受け身のかたちで体験をし，それを言葉として表している。私たちは主体として能動的に対象へ働きかけるより，むしろ景色の方が働きかけきて，「目に届く」のである。また，対象が人間である場合には，見えるとは一人で行うことではなく「(見える)対象あるいは相手と，(それが見えている)自分との間に生じている現象，あるいは関係なのである」と早坂は指摘する。したがって，関係からの発想においては，見るのではなく〈見える〉，聴くのではなく〈聴こえる〉が相手をわかるために必要なのであり，対象とならないかたちで与えられるものを受けとめている。より明確に表せば，私たちが対象に接近することで見るのではなく，見るためにはすでに対象とならないかたちで始原的に与えられているという関係があることがわかる。そのことを西欧人であり，哲学者であるメルロ＝ポンティは「身体が物に触れ，それを見るというのは見えるものを対象として持っていることではない。見えるものは身体のまわりにあり，その構内にさえ入りこみ，身体のうちにあって，その眼差しや手を外や内から織り上げている」と苦労して論じている。

3 見えるものの中にある見えないもの

すでに与えられているもの，届いているものを基礎とした〈見える〉の積極的な意義を検討してみたい。たとえば，ソーシャルワーカーが経験を積んでいくことで，心理的な問題に対応できるようになりたい。あるいは，相手の気持ちに気づいて理解できるようになりたいと言う人たちがいる。当然のことだが，こうしたことは直接的に目に見えるものではない。実践において多くの場合に相手の身体や目に表れる表情や声のトーンから感じとるのである。したがって，瞬間的に表れる相手の表情の動きや声のトーンの変化から気づき，感じることができるかが問われることになる。そうした動きを見えることが相手を理解することになるのだが，援助者が見ようとして目で捉えるというより，対象としてはいないのに目に入ってくる，感じることで受けとっていると言った方が正確だろう。

では，先に示したような気持ちの動きの表れをこれまで見ていなかったのだろうか。実際には，見ていたし，見えていたはずである。不思議なことに，それでも見えていなかったのである。対象化して見ようとすると見えないのだが，対象とならずに表れているのである。したがって，対象として捉えられるものを見るのではなく，対象とならないものを見ることが必要なのだが，援助者が相手やその場の世界に接触することで引っかかり，戸惑いを感じることで見えるようになるのである。そこでは主観が世界とどのように接触するかがポイントになっている。

　見えないものを見ようとすると，私たちは見えないものを探し，求める。しかし，見えないものは，どこか別のところにあって見えないのではなく，今・ここにあるのに見えていないのである。メルロ＝ポンティは，たとえば意味は見えないものであるが，この見えないものは見えるものと矛盾するのではないと指摘し，「見えるものそれ自体が見えない骨組みを持っているのであり，見えることの―ないものは見えるもののひそやかな裏面なのであって，それは見えるもののうちでしか現れない」，さらに「見えるものが見えないものを懐胎している」と強調する。つまり，見えないものを見えるようになるためには，見えているものからしか始められない。当然のことだが，自分から見えないものを見ようとする行為は，見えるを可能とはしてくれない。なぜなら，見えるに積極的に挑むことは，また対象を求めてしまっていることになるからである。

　先に確認した人間の理解で人間に「なる」ということを強調した。そのことは，私たちが止まっているのではなく，動きの中にあることを示している。関係的存在として，他者との関係で動いている，あるいは動くことができるのだが，同じ対応を続けることで相手のことを決めつけて止めて見てしまう。相手との関係は開かれているのだが，決めつけることで閉ざしてしまい見えなくなるのである。このように見えるものに注目することで，見えるものにへばりつき，それを支えている見えないものが忘れられる。メルロ＝ポンティはこのことについて「この世界の見えないもの，つまりこの世界に住みつき，それを支え，それを見えるものにする見えないもの，この世界の内的で固有な可能性で

あり，この存在者の〈存在〉なのである」[15]と教えてくれている。ここまで示してきたことを具体的な事例から考えてみたい。

4　見えるが生み出すもの

　医療ソーシャルワーカーを対象としたグループスーパービジョンでのことである。提示された事例では，高齢の母親と失業中の息子（次男）が同居しているのだが，この家族は母親の年金によって生活をしていた。母親の脳梗塞の再発，頸椎損傷，四肢麻痺などで入院を繰り返す中で，ほぼ全面介助が必要になるのだが，経済的な問題もあって他の病院や施設などへの転院が難しいという事例だった。息子は母親を大切にしていると言い，毎日のように見舞いに来ている。また，他県に長男がいるのだが，自分が世話をすると言って協力の申し出も断っている。ところが，病院に入院費を払っていないことが明らかになる。その解決策としてソーシャルワーカーは次男に入院費の減免の手続きをしてもらいたいのだが，「わかっている」と返事はあるものの，いつまでたっても行動してくれなくて困っているという発表がされた。そして，これまで紹介してきたことが，ソーシャルワーカーにとって見えることだった。

　前記のような状況に対して，「次男と一緒に手続きをしたらどうか」，それができないならば「強引に手続きをさせたらどうか」などの意見がメンバーから出された。事例を提出したソーシャルワーカーからは参考になり感謝していると述べられたが，同時に次男が自分の問題として受けとめて欲しいことを願っていることが伝わってきた。そこで私は次のような問いをメンバーに投げかけてみた。今，皆さんは息子を困った存在であると考え，彼に自分の問題として対処してもらいたいとアプローチしている。ところが，問題は母親の病気から起こっていて，その医療費を何とかしないと彼女を大切にできない。そのためには手続きのための話ではなく，「今，大切にしたいお母さんがどうなっているのか，息子はどのように思っているのか」を話し合うことが必要である。年金から医療費を支払わないとお母さんを大切にできないと理解してもらうことである。それは息子が自分の生活費を削らないと不可能なことであり，さらに

自分が仕事をすることが必要だとわかってもらえるのではないだろうか。
　担当ソーシャルワーカーもメンバーも，この事例のクライエントは息子であると考え，息子を見ていた。それが見えるものであった。ところが，先に指摘したように母親の病気や入院で生じている問題であり，そのためにはソーシャルワーカーが息子と母親の関係を，つまり母親を見る必要があった。それが目の前の問題に対処することで，ソーシャルワーカーにとって見えていないことだった。しかし，それは息子の母親を大切にしたい思いという，もともと見えるものの中にあったことがわかろう。こうした発見を，ソーシャルワーカーは実践において息子が見えるように援助することが大切である。ここで私がソーシャルワーカーに対して見えないものを見えるようにするのを手伝ったのだが，そのかかわりが，今度はソーシャルワーカーがクライエントへ実践するために役立つことがわかろう。
　息子にとっては見えにくい，あるいは見えなくさせている現実がある。すべては母親を大切にしたいという彼の気持ちから始まっているのだが，それが背後にへばりついているために見えない。そのため彼が母親を大切にするには，どうしたらいいのかという課題があることを見えるようにする必要がある。また，母親の年金が息子の生活を支えているのだが，彼の生活を支えているものであり，あたりまえにあるものがゆえに見えない。それは息子にとって当然のことになっているのだが，先にも指摘したようにそのことに気づいて感謝することができれば，生活費を削ることも可能であろう。ただし，それは彼にとって，自分を削るような痛いことなのである。
　他方で，こうしたことができれば息子は母親，ソーシャルワーカー，かかわる人々との関係から，自分のことが見えるようになる。見えることで適切な行動が，あるいは客観的な対応が可能になると言える。したがって，見えるようになるということは，援助にとても大きな力をもたらすし，実際に人を動かす力になる。
　対象化の基本となる視点として〈見える〉を検討してきたが，相手との関係を表す〈見える〉は援助者側の能力の開発だけではなく，見えること自体が相

手に役立つことがわかる。他方で，対象化について問いかけてきたことは，対象を単に研究や実践のための関心としてだけ見るのではなく，対象を大切にすること，対人援助においては愛する，信頼することである。この相手を大切にする対象化は，共同作業を通して相手から教えてもらえることを可能とし，援助実践に役立つものとなる。援助者の対象者にかかわる基本的な態度が，相手から愛され，信頼されることを生み出す。もちろん，愛や信頼とは交換条件として報酬を求めるものではないが，結果として起こることである。実際にどうなるかは，やってみなければわからないのだが，それをできるのが専門性である。この理念の確信と実践することが，人間関係学の常に出発点になっている。

注
(1) フッサール，E.（渡辺二郎訳）『イデーンⅠ─Ⅰ　純粋現象学と現象学的哲学のための諸構想』みすず書房，1979 年，p.43
(2) メルロ＝ポンティ，M.（木田元・鯨岡峻訳）『意識と言語の獲得　ソルボンヌ講義Ⅰ』みすず書房，1993 年，p.131 傍点筆者
(3) 佐藤俊一『ケアの原点（3）─対話できる関係をめざして─』正文社，2014 年，pp.9-11
(4) フロム，E.（谷口隆之助・早坂泰次郎訳）『精神分析と宗教』東京創元社，1971 年，pp.72-73
(5) 同上書，p.75
(6) 早坂泰次郎『〈関係性〉の人間学─良心的エゴイズムの心理─』川島書店，1994 年，はしがき
(7) ブーバー，M.（田口義弘訳）『対話的原理Ⅰ』みすず書房，1967 年，p.27
(8) フランクル，V. E.（霜山徳爾訳）『夜と霧』みすず書房，1971 年，pp.182-183
(9) 同上書，p.183
(10) フランクル，V. E.（山田邦男・松田美佳訳）『苦悩する人間』春秋社，2004 年，第 2 章　意味否定から意味解明へ
　　佐藤俊一『ケアを生み出す力─傾聴から対話的関係へ─』川島書店，2011 年，pp.53-57
(11) フランクル，前掲書，2004 年，p.122
(12) 早坂泰次郎『「関係」からの発想』I.P.R. 研究会，1986 年，絢文社，p.87
(13) メルロ＝ポンティ，M.(滝浦静雄・木田元訳)『見えるものと見えないもの　付・

研究ノート』みすず書房，1989 年，p.190
(14)　同上書，p.311
(15)　同上書，p.209

📖 参考文献

佐藤俊一『ケアを生み出す力―傾聴から対話的関係へ―』川島書店，2011 年
佐藤俊一「見えるの発見」『研究会誌 IPR』No.21，日本 IPR 研究会，2014 年
佐藤俊一『ケアの原点（3）―対話できる関係をめざして―』正文社，2014 年
東京都保健福祉局編『医療ソーシャルワークの解決技法（医療社会事業従事者講
　　習会報告書）』No.28-29，2012-2013 年
早坂泰次郎『「関係」からの発想』I.P.R.研究会，1986 年，絢文社
早坂泰次郎『〈関係性〉の人間学―良心的エゴイズムの心理―』川島書店，1994 年
フッサール，E.（渡辺二郎訳）『イデーンⅠ―Ⅰ　純粋現象学と現象学的哲学のた
　　めの諸構想』みすず書房，1979 年
ブーバー，M.（田口義弘訳）『対話的原理Ⅰ』みすず書房，1967 年
フランクル，V.E.（霜山徳爾訳）『夜と霧』みすず書房，1971 年
フランクル，V.E.（山田邦男・松田美佳訳）『苦悩する人間』春秋社，2004 年
フロム，E.（谷口隆之助・早坂泰次郎訳）『精神分析と宗教』東京創元社，1971 年
メルロ＝ポンティ，M.（滝浦静雄・木田元訳）「幼児の対人関係」『眼と精神』みす
　　ず書房，1966 年
メルロ＝ポンティ，M.（滝浦静雄・木田元訳）『見えるものと見えないもの 付・研
　　究ノート』みすず書房，1989 年
メルロ＝ポンティ，M.（木田元・鯨岡峻訳）『意識と言語の獲得　ソルボンヌ講義Ⅰ』
　　みすず書房，1993 年

第2章 実践力の基礎となる臨床的態度

　福祉の現場で働く者のみならず，人間が人間に対して援助行為をする職業，対人援助職として働く者たち（医師，看護師，臨床心理士など）は時として「臨床家」と呼ばれることがある。「臨床」とは，たとえば『日本語大辞典』（講談社）によれば，「① 病床にのぞむこと，② 実際の治療・診察に当たること」がその意味として示されている。この意味で解せば，現場で働く対人援助職者はみな，「臨床家」と呼ばれて差し支えなかろう。なぜなら，上で示したように「臨床」の今日的意味においては，病院や施設などの現場で働いていることや，そこで治療・援助していることが大きな位置を占めているからである。したがって，今日の「臨床」という言葉それ自体は，「臨床的領域における治療的ないし援助的という機能の概念化（その領域における治療者ないし援助者としての地位と役割を所有すること）として用いられているといってもよかろう[1]」。しかし，人間関係学はこの「臨床」という言葉の別の側面に注目する。「臨床」という言葉が一つの意味として，病床に臨むことを含んでいるのであれば，そこに臨む本人の存在のありようも同時に問われなくてはならない。つまり，「臨床」という言葉で表されるその現場に，当の本人がいかなる態度でもってクライエントにかかわっているのか，その態度を根底から問い返す必要があるということである。というのは，対人援助においては常に人間関係が存在するため，必然的にそこで相手とかかわる自分の態度が問われることとなるからである。本章では，「臨床」という言葉（というよりも，その事態）を人間関係学的視点から考察するとともに，早坂によって概念化された「臨床的態度」の今日的意義について考えることを目的としたい。

第1節 「臨床」とはなにか
―「場としての臨床」と「態度としての臨床（臨床的態度）」―

　人間関係学においては，現場で働いたり，そこで治療・援助したりということが臨床の要ではない（もちろん，現場で働くことや治療・援助すること自体が重要でないと言っているのではない）。領域やそこでの社会的役割に止まらず，病床（現場）に臨むその人の態度をも重視する。早坂は，このちがいを「場としての臨床」と「態度としての臨床（臨床的態度）」という二つの概念によってはっきりと区別している。長くなるが，大事な指摘であるので引用したい。

　　臨床的と訳されてきたclinicalという言葉はもともとベッドを意味するギリシャ語に由来するのですが，ヨーロッパでは古くから，牧師が死の床にある患者のベッドサイドにいて，患者のために祈り，聖餐を与えることを意味していました。それは全人格を投入して病室という場に患者と「ともにいる」ことなのでした。（中略）
　　私がここで臨床的視点という時，それは必ずしも治療的であることを意味してはおらず，病院，病室といった治療的な場に身をおくというだけの意味でもありません。むしろ一人の人のために自己自身を投入し，その人と全人格を傾けて「ともにいる」態度という意味なのです。それは本来，clinicalという語に欠かせない，むしろ基本的な意味であったのですが，日本語の臨床（的）の語はとかく医療という業務の現場に身をおく人々の間でだけ特権的に用いられてきたように思われます。（中略）
　　したがって私は，「臨床（的）」という語を用いる場合，医療業務の遂行の社会的場として教育，産業，行政等々の場と区別される，場としての臨床（的）と，一人の人のために自己の人格を投入する態度としての臨床的ありようについての相違が明確になっていなければならないと思います。私がここで「臨床的視点」という時の臨床的は，いうまでもなく後者の意

味においてなのです。

　早坂の言葉にあるとおり，臨床とはそもそも「一人の人のために自己自身を投入し，その人と全人格を傾けて『ともにいる』態度」を意味するものである。したがって，人間関係学の視点から言えば，ただクライエントと空間的にともに「ある」だけではもちろんのこと，同じ空間で治療・援助していたとしても，それが相手に全関心を向ける態度を伴っていない限り，臨床の意味としては不十分である。「場としての臨床」が関係を固定的・実体的なモノとして捉えるのに対し，「臨床的態度」は関係を生き生きと動くダイナミックなものとして援助者が生きるありようを意味するのである。

　こうした，臨床の意味の持つ，生き生きとしたダイナミックな側面は他の研究者によっても指摘されている。とくにその代表者としては，『臨床の知とは何か』(1992) を著した中村雄二郎が挙げられるだろう。中村はこの本の中で，近代的な知のあり方である科学の知と対比して，「臨床の知」を次のようなものとしてまとめている。「科学の知は，抽象的な普遍性によって，分析的に因果律に従う現実にかかわり，それを操作的に対象化するが，それに対して，臨床の知は，個々の場合や場所を重視して深層の現実にかかわり，世界や他者がわれわれに示す隠された意味を相互行為のうちに読み取り，捉える働きをする」。さらに，「臨床の知は，科学の知が主として仮説と演繹的推理と実験の反復から成り立っているのに対して，直感と経験と類推の積み重ねから成り立っているので，そこにおいてはとくに，経験が大きな働きをし，また大きな意味を持っている」。つまり，「臨床の知」は科学の知のように体系的に整った知ではなく（またそうある必要もなく），そこで重視されるのはどこまでも目の前の相手との一回性の人間関係を生ききる態度に他ならないのである。早坂の「臨床的態度」と中村の「臨床の知」双方が共通に重視しているのは，そこでの体験（経験）そのものである。二つの概念はともに，動きを止めない「今・ここで」の人間関係を生きる当人の存在のありようが決定的・絶対的な位置を占めている。自分の目の前にいる人が何を求め，何をどのように感じ，何を訴えようとして

いるのか。これらの言葉だけでは到底語り尽くしえないが、相手とのかかわりを通して、そうした言えぬ感覚を徹底的なまでに汲みとり、感受し、そして応えること(応答)、この相手との相互的かつ連続的なやりとりの中でこそ初めて「臨床的態度」や「臨床の知」は見え始めるのである。

　そのように考えてみると、当然ながら相手との「今・ここで」のやりとりの中で自分自身の態度が問われる。本章の冒頭で述べたとおり、臨床を「臨床的態度」として生きるということは、そこに必ず人間関係が存在するために、相手とのかかわりを通して、翻って自分自身の生き方を問うことになるのである。しかし現実には、相手とのかかわりを通して自らを問わない態度が蔓延している。次節では実際のエピソードを手がかりとしながら、「場としての臨床」と「臨床的態度」のちがいをさらに明確にしていく。

第2節　「臨床的態度」が問いかけるもの

1　相手へ応答する中での「受容」―ある研修での違和感から―

　このエピソードは、筆者自身が研修を受け、その研修の中で感じた違和感についてである。筆者は以前、ある協会が主催する、身体障害者のための就労アドバイザー研修に参加したことがある。就労アドバイザーとは、身体障害者が就職し実際に働く時に生じがちな職場での人間関係のトラブルや自身の障害に関する様々な悩みについての相談を「友人的な」立場から応じるボランティアである。就労アドバイザーは、「友人的な」立場から身体障害者の相談に応じることによって、個別の悩みを聴き、再度仕事にチャレンジする意欲を持ってもらうことを目的としている。

　この就労アドバイザーを務めるにあたって、筆者はいくつかの講義を受けた。その講義のうちの一つ、「カウンセリング入門」に筆者は強い違和感を覚えることとなった。「カウンセリング入門」は、これまでカウンセリングという言葉や技術に全くふれることのなかった人たちのための初歩的な内容を説明するものであった。そのため、講義の中では「受容」や「傾聴」や「共感」といっ

た技術の必要性が何度も説かれていた。当然ながら，何かしらの相談業務に従事するということであれば，「受容」や「傾聴」や「共感」が重要であることは言うまでもない。しかし，筆者が違和感を覚えたのは，それらについての講師の説明である。というのは，講師によって説明されたそのどれもこれもが，援助者がこう対応すればクライエントは必ずこうした反応を返してくるといったような，あらかじめパターン化されたものとしてのカウンセリング・テクニックだったからである。

たとえば，「受容」については講師から次のような説明があった。「受容」とは，相手の話をただただ聴き続けて，相手を受け入れてあげることである。相手の言うことを援助者が受け入れてあげれば，相手は気持ちを落ち着かせ，また仕事へのやる気を取り戻すだろうというわけだ。だから，相手の意見に対して援助者側が考えを述べることや問いかけるようなことはしてはならない。講師によれば，もし相談に来た人が「今，私はとっても辛いんです……」という言葉を口にしたとしても，「何がお辛いんですか」とか「どうして，お辛いんですか」などと援助者が問いかけるのではなく，すぐさま「お辛いんですね……」という同じ言葉でもってあいづちを返すのが望ましい対応であるとのことだった。このことは，辛い場合に限らず，嬉しい場合でも同様で，もし相談者が「今日，すごく嬉しいことがあったんです！」と声を弾ませて語ったとしても，援助者は「今日，すごく嬉しいことがあったんですね」とだけ瞬時に返すのが「よい援助者」とされていた。要するに，「よい援助者」に求められるのは相談者の話を聴き，その話に対して相手の言葉通りに即座に返答してあげる（また，その返答のタイミングを計る）ことだけであって，相手の話に対して自分の考えを述べたり，もっと詳しく相手の話を聴こうとして相手に問いかけたりすることは適切ではないというわけだ。ただし，誤解しないでもらいたいのは，筆者はここで相手の言葉をそのまま返すこと自体が間違った援助であるなどと言いたいのではない。相談内容やその時の状況によってはむしろ相手の言葉を受けとめ，そのまま返すことが援助として適切な場合ももちろんある。相手の言葉を受けとめ，そのまま返すことによって，結果として相手に聴いて

もらえた，受けとめてもらえたという気持ちを生むことは当然あるのである。
　しかし，もし自分が相談者の立場だとして，講師の言うような「よい援助者」像ありきでかかわられたとしたら，どのような印象を抱くだろうか。相手を受け入れてあげるための技術として，あらかじめ決められたフレーズや型のみで対応された場合，どのように感じるだろうか。おそらく，前記のような「よい援助者」としての対応は多くの人にとってよい印象を与えないだろう。なぜなら，改めて言うまでもなく，相談に来ている人たちは（それが辛いものであるにせよ嬉しいものであるにせよ）その体験そのものについて援助者に相談したい，聴いてもらいたいと思って来ているはずだからである。辛かった時の気持ちや嬉しかった時の気持ちの機械的な反復を求めているのではなく，なぜ辛かったのか，どのように嬉しかったのか，その体験の内容やその時の気持ちの共有を求めているはずだからである。相談者としては辛い／嬉しい体験やその時の気持ちを分かち合いたい，分かち合ってほしいと思っているにもかかわらず，援助者が固定化された技術に気をとられ，あらかじめ決まったフレーズで機械的な反復ばかりをしていては，「この人は，私の話をまともに聴いてくれていない」と思うにちがいない。相手と本気でかかわる中で言葉が生まれてくるという現実を無視して，あらかじめ定まったフレーズや型だけで相手とのかかわりを捌こうとする援助者の振舞いは，聴いてもらえた，受けとめてもらえたという実感を相手の中に生むことはない。なぜなら，そうした援助者による技術としての振舞いは，事柄への対応に終始するばかりで，相手の気持ちにかかわることにはつながっていかないからである。そのような援助者の態度は，少なくとも「一人の人のために自己自身を投入し，その人と全人格を傾けて『ともにいる』態度」（「臨床的態度」）と呼ぶことはできない。援助者は自分の〈持つ〉技術に則って相談者の話を聴いているつもりでも，当の相談者からしてみれば自分の話をしっかり聴いてもらえていない，受けとめてもらっていないと感じる。この援助者と相談者との「ズレ」の大きな原因の一つは，援助者側の応答の姿勢にあるだろう。
　端的にいえば，「カウンセリング入門」の講師が忘れていたのは，相談に応

じる際の援助者側の応答の必要性である。言い換えれば，求められる援助者像というのは本来，常にクライエントにとっての「よい援助者」であるという事実が忘れ去られている。最初から「よい援助者」像というものがあってそこに向かって援助を展開していくのではなく，クライエントとのかかわりに全身でコミットする中で援助者はそのつどクライエントにとって「よい援助者」となっていくのである。確たる援助者像ありきで援助を展開するのではなく，むしろ援助関係の中で援助者は援助者になっていくのである。もし，講義を受けた人たちがカウンセリングのテクニックだけを学び，紋切り型の対応ばかりをしていては，事柄に反応するばかりで肝心の相手の気持ちに応えることの大切さに気づかないだろう。深刻な悩みを抱えて相談に来た相手に応答することなく，常に自分自身の一言一句に気を取られている閉ざされた態度に陥りかねない。その態度のありようは，一見相手に関心が向いているようでありながら，実際には自分自身にしか関心が向いていない閉ざされた態度(次に取り上げる，「良心的エゴイズム」)である。

　「受容」「傾聴」「共感」といったことはいずれも，相手とのかかわりの中で，相手への応答を前提に行われるものである。「傾聴」は相手に対して応答していることの一つの表れであるし，「共感」は相手に向き合い応答したことの結果である。さらに言えば，こうした応答が可能となるのは，相手に対して自分自身が開かれているからである。当然ながら，相手へ応答するということは相手に関心が向いていない限りできない行為である(相手への関心なくして，相手の話をどのように聴き，どのように受けとめたのかを伝えることはできない)。相手への応答というのは，自身の関心が相手に向かって出ていく時に，初めて可能となるのである。

　したがって，相手への応答が欠如しているという問題は，相手との関係性が生きられていないという問題(関係性の欠如)と通底しているといえよう。というのは，前記の講義のように，「受容」や「傾聴」や「共感」といったいわゆる技術にばかり気をとられ，相手への応答が忘れ去られるということは，相手との関係を大事にしているようでありながら実はそこでの事柄—自分は相手

を「受容」できているか，自分は「よい援助者」でいられているかなど——にしか関心がないことを意味するからである。相手への応答を忘れたままでかかわり続けるということは，相手ばかりか，相手との関係をも大事にはしていないのである。そこでは，相手との関係はバッサリと遮断され，相手と自分との関係は，事柄と自分との関係になってしまっている。

　たとえば，筆者がかかわっているある学生は次のような話をしてくれたことがある。その学生は日頃から障害者への介助のアルバイトをしており，担当しているクライエントから「私はよく咳をしてしまうのだが，どうか気にしないでもらいたい」と言われていた。そのような要望を事前に受けていたにもかかわらず，ある日そのクライエントが咳き込んでいると，学生はつい「大丈夫ですか」と何度も何度も声をかけてしまった。学生からの問いかけに，最初は「大丈夫です」と受け応えをしていたクライエントであったが，学生があまりに何度も聞いてくるため，最終的には「大丈夫だって言ってるでしょ！」と強く怒ったそうである。クライエントから怒りをぶつけられたことに学生はショックを受け戸惑ったが，どうしてクライエントが自分に対してそのような怒りをぶつけてきたのかを振り返ってみると，その要因として咳き込むクライエントの姿を見て急に不安になってしまったこと，そして自分自身の中に「この人は障害者だから，他の人よりも気を遣わなくてはいけない」という半ば勝手な思いがあったことに気がついた。クライエントが咳き込んでいる様子を見て，たとえばそっと背中をさするなどのかかわりもできたはずなのだが，クライエントが咳き込んでいることに不安を感じたことと過剰なまでの配慮から，学生はついクライエントに「大丈夫ですか」としつこく聞いてしまったのである。学生の関心が，いつの間にかクライエント本人の気持ちにではなく，クライエントが咳き込んでいるという事柄に向いてしまっていたのである。「大丈夫ですか」という言葉かけが真にクライエントを思ってのものではなく自分の気持ちを落ち着かせるためのものになってしまっていたように，クライエントの気持ちを置き去りにして，クライエントの気持ちとは離れた事柄に反応してしまっていたのである。だからこそ，このクライエントは学生に強い怒りをぶつけること

となったのだろう。こうした例からもわかるとおり，相手の気持ちをしっかりと受けとめ，その気持ちに対応すること（応答），言い換えれば相手との関係性を生きることはそうたやすいことではない。本人はよかれと思って行動していても，その行動が相手の気持ちから切り離されたものならば，相手との関係性は生きられず，場合によっては相手の怒りを買ってしまうことさえありうるのである。

2 自分だけを大事にする「良心的エゴイズム」―応答することを忘れての自分への関心の集中―

　以上のように考えてみるならば，「カウンセリング入門」の講師が想定していた「よい援助者」は相談者に対して関心を向けていたと言うことができるであろうか。たしかに，「よい援助者」のポイントとして，相手に素早くあいづちを返すこと（また，そのために相手の話をよく聴くこと）が挙げられているわけだから，相手の話に耳を傾けている以上，相手に関心を向けていると言うことはできるのかもしれない。だが，この相手への関心は本物であろうか。それは本当に相手の話をよく聴いているということなのだろうか。実は，筆者が講師の話の中で最も強く違和感を覚えたのがこの点である。つまり，講師が「よい援助者」としてのポイントを挙げれば挙げるほど，それは，相手の話のどのタイミングであいづちを打つのが「よい援助者」であるかとか，相手が感情を少しでも表に出したらすぐに同じ言葉で返答するのが「よい援助者」であるといったように，相手に関心があるようでありながら，結局は常に自分にしか関心がないということである。先の学生の例で言えば，表面的には障害者であるクライエントに対して気を遣っているようであっても，実はクライエント本人の気持ちをきちんとは受けとめておらず，結局は自身の不安に煽られ，事柄に反応してしまっている。そこでは相手への関心が欠如してしまっており，相手との関係性は生きられていない。相手の気持ちを無視し事柄にしか目が向いていないということは，相手への応答が忘れ去られているという点で，実は自分自身にしか関心が向いていないことと同義なのである。

相手に関心があることと，自分が「よい援助者」であるために相手に関心を持つこととではその関心の方向が全く違う。前者が相手の存在そのものに関心があるのに対し，後者は自分が「よい援助者」であるための一つの手段として相手に関心を持つ。要するに，後者は相手に関心があるのではなく，自分自身に関心があるのである。講師の言う「よい援助者」が，その第一のポイントとして相手へのあいづちのタイミングや相手への返答の「仕方」ばかりに置かれており，そのポイントを忠実に遂行しようとする限り，関心が相手に向かって出ていくことは決してない。なぜなら，そこでは常に，いつあいづちを返すのが「よい援助者」として適当かとか，相手に対してどのように返答するのが「よい援助者」かといったことばかりに関心が集中してしまい（つまり，自分自身に関心が集中してしまい），相手への関心はほとんどないからである。「ワーカーが自分が相手のことをどのように見ているかにとらわれすぎると，自らの働きかけだけが優先し，能動性によって相手を対象としてしか見れなくなってしまう」[6]。そこでは，相手への応答はすでに忘れ去られてしまっている。先にも指摘したように，相手への関心なくして，相手に応答することは不可能である。そして，相手を受けとめるということは，相手に応答する中で行われるのである。相手に向かって応答するということが必然的前提として相手をどのようにして見，相手の発する言葉をどのようにして聴いているかを含んでいるとすれば，援助者は目の前の相手から常にその応答する態度が問われているのだともいえよう。そうである限り，問うてきている相手に目を向けず，「よい援助者」であるためにはどう振舞うのがよいかとか，今自分は「よい援助者」でいられているかといったことにしか関心がない態度はある種の自己中心的な態度（エゴイズム）に陥ってしまっている恐れがある。

　こうした自己中心的な態度のありようは，早坂によって「良心的エゴイズム」として概念化されている。言うまでもなく，常に「よい援助者」であろうとする人は真面目で，「よい援助者」になりたい，またそのための専門性を身につけたいと本気で願っている（真面目でない人は，そもそも「よい援助者」像というものさえ意識しないだろう）。しかし，この真面目さが時に専門職にとっ

ての「落とし穴」になりうるのである。「真面目に，真剣に生きようとする人が，自分自身のありように関心を持ち続け，敏感になることは当然である。しかしそのことが，自分だけにしか眼が向かわず，他人の言動は何であれ，自分の反省と成長の資料以上のものではないという感覚を作り上げるとしたら，そこには紛れもないエゴイズムが姿をあらわすことになる。それはいわば『良心的エゴイズム』である」。この「良心的エゴイズム」は通常言われるエゴイズムとは明確に異なる。一般のエゴイズムが自分本位の勝手な行動によってハッキリと人を傷つけるのに対し，「良心的エゴイズム」は一見すると人を傷つけているようには見えない（また，「良心的エゴイズム」に生きる本人も他者を傷つけようなどとはこれっぽっちも思っていない）。その態度はきわめて誠実な人のそれであるかのようである。だが，だからこそ，「良心的エゴイズム」は通常のエゴイズム以上に始末が悪い。というのは，通常のエゴイズムのようにあからさまに人を傷つけているのであれば，相手は拒絶や反撃することもできようが，「良心的エゴイズム」の場合にはその良心さ故に，相手は「何の気持ちの交流もないままに，いかなる拒絶や反撃の可能性も見出せぬままに，いわば使い捨てにされてしまう」からである。「良心的エゴイズム」として生きる人は，「自己抑制とやさしさで人を切りすて，しかも『良心的』である故にそのことに気づかないのだ」。

早坂によれば，こうした「良心的エゴイズム」は次のような特徴を示す。

第一は，その発想が個体主義的・独我論的なものであることである。「良心的エゴイズム」は，結局は個としての自分自身にしか関心がなく，この自分をより高みへと成長させるのはやはり自分でしかないという考えを強く持っている。しかも，そのようにして自分で自分を成長させることが可能であるばかりか，そうしなければならないという確信さえ持っている。そのため，「良心的エゴイズム」はその強固なまでの真面目さや誠実さにもかかわらず，他者に対して開かれることがなく，結果自閉的な性格を持たざるをえない。認識論的に言えば，その発想は個体主義的・独我論的発想としての様相を呈することとなる。

第二は，閉じられた敏感さとしての sensible になりやすいことである。こ

れは第一の特徴で取り上げた自閉的傾向と関連している。「良心的エゴイズム」に生きる人々は自分自身のありようについて極度に強い関心を持っているため、その点非常に敏感であると言えようが、その敏感さはあくまでも閉ざされた敏感さ（自分自身への敏感さ(sensible)）とも言えるもので、外へと開かれ、他人の気持ちをありのままに感じとる開かれた感性(sensitivity)に関しては必ずしも鋭くはない。

　第三は、「良心的エゴイズム」に生きる人々の考えは意識主義的・主知主義的思考に浸りやすいことである。「良心的エゴイスト」はいつでも自分自身のありようや振舞いを強く意識しており、自意識でガンジガラメになっている。彼（女）らにとって意識とは自分の意識なのではなく、自分が意識なのであり、むしろ意識が自分なのである。自分で自分自身を対象化できると信じる、こうした意識を中心とした考え方は、理性と知性の営みであるゆえに「客観的」なのだという信念を前提としているため、彼（女）らは主知主義者なのだと言うことができよう。

　そして第四は、客観主義とそれによる感性の無視（蔑視）である。主知主義は基本的に客観主義と結びつくものであり、これらの主義に特徴的なのは、揃って「主観的」の語を不信の表明として取り扱う点にある。「客観的」なことへの盲目的なまでの信頼感が（「客観的」であることそのものへの冷静な吟味もなしに）「主観的」であること、とくにその代表的なものとしての感性を蔑視の対象へと追いやることとなる。

　援助者としての専門性を高めようとする者は、以上のような特徴を持つ「良心的エゴイズム」に知らず知らずのうちに陥ってしまってはいないかということに常に自覚的である必要がある。そうでなくては、援助者は常に「よい援助者」であろうとする自分にばかり関心が集中してしまい、当の相談者は（援助者に）話を聴いてもらえたという感じがちっともしないまま置き去りにされてしまうという事態になりかねない。こうした事態の根源にあるのは、応答性の不在に他ならない。これまで見てきたように、「良心的エゴイズム」は、理想的な自分になることに対してきわめて強い関心を持っており、自分にしか関心

がない。彼(女)の関心はもっぱら，今自分は理想的な状態(「よい援助者」)でいられているかどうかということにしかなく，結果として目の前の相手は自分が理想的な状態であるための一つの道具，一つの手段になり下がってしまう。先の「カウンセリング入門」の話でいえば，目の前の相手はあいづちを打つタイミングを計ったり，返答の「仕方」を知るための判断材料となってしまう。そこでは，相手との相互的・連続的なやりとりなどあるはずもなく，関係も動きを止めてしまっている。言い換えれば，そこにあるのは「場としての臨床」だけであり，「一人の人のために自己自身を投入し，その人と全人格を傾けて『ともにいる』態度」としての「臨床的態度」は忘れ去られてしまっている。そこで展開される人間関係を，生き生きと動き続けるダイナミックなもの(「今・ここで」の人間関係)として生き直し，「臨床的態度」に改めて気づくためには，応答が息を吹き返さなくてはならない。つまり，相手との応答が息を吹き返し，「臨床的態度」の大事さに改めて気づくことによってこそ「良心的エゴイズム」は克服されうるのである。

第3節　自分だけを大事にする態度から，自分を大事にする態度へ
　　　―「臨床的態度」への気づきと「良心的
　　　　エゴイズム」の克服を目指して―

　以上で見てきたように，「良心的エゴイズム」は端的に言えば，自分自身にしか関心がない態度を意味している。そして，その反動として，相手は置き去りにされ，孤立する。「良心的エゴイズム」とは，言い換えれば，自分だけを大事にする態度だと言うことができるだろう。自分だけを大事にするがゆえに，目の前の相手の存在やその相手に対する応答を忘れ，結果として相手を置き去りにすることにつながってしまうのである。残るのは，相手の「ちっとも話を聴いてもらえた気がしない」という徒労感のみである。

　目の前の相手に向き合い，そこでの一回性の人間関係を生ききり，応答していくためには自らの関心を自分の内に留めたままでいるのではなく，積極的に

相手に向かって出していくことが求められる。自分のありようばかりを気にして他者に対して閉ざされているのではなく，相手とともにそのつどの人間関係を本気で生きていかなくてはならない。言い換えれば，それは自分だけを大事にする態度から，自分を大事にする態度への跳躍である。誤解してならないのは，自分だけを大事にする態度からの跳躍ということは，自分を大事にしない態度（相手だけを大事にする態度）へと変わることではないということである。自分だけを大事にする態度が結果として目の前の相手の存在を無視してしまったのと同じように，相手だけを大事にしてしまっては今度は自分の存在を無視してしまうことになりかねない。相手だけを大事にする犠牲として自分の存在を消し去ってしまっては，残るのは自分という存在の空しさだけである。そうではなくて，相手を大事にすることはもちろんのこと，そこで応答し対話している自分をも大事するのである。「私が主体となって役割を担っていくことは，『相手』を大切にしようとする態度であり，同時に『私』を大事にすることである。反対に，期待される役割を演じていることは，よい人間関係［変化のない，動きを止めた人間関係］を維持することで，私だけを大事にすることになる。この私と相手を大切にすることが，『今・ここで』の役割を引き受けることで可能となる。それは，馴れ合いの人間関係からの脱却であり，本気で相手とかかわっていくことから生まれる」[11]。同じように，自らの関心が相手に向かって出ていくということは，相手だけを大事にして，自分を大事にしないということではない。第1章で述べられた通り，相手を大事にすることが，自分を大事にすることにもつながるのである。なぜなら，そこでの援助関係を全力で生ききるということは，すなわちそこで展開されている人間関係に本気でコミットメントするということであり，逆説的な言い方になるが，そうした生き生きとした人間関係が展開されうるのは相手の存在だけでなく，この自分自身の存在なくしてありえないからである。自分だけを大事にする態度から，自分を大事にする態度へと跳躍する時，人は「臨床」のもう一つの意味に体験的に気づき，「臨床的態度」が芽吹くこととなるのだろう。

第4節　実践力の基礎となる臨床的態度

　これまでに見てきたとおり,「臨床的態度」とは常に自分自身に問われるものであり、いわば援助者にとっての終わりなき課題である。「臨床的態度」はそのつどの一回性の人間関係の中で問われ、自らの応答する態度と切っても切り離せない。

　社会福祉を学ぶ学生にとっても本章で取り上げた「臨床的態度」は重要である。たとえば、これから先、援助者としてクライエントから相談を受けることがあるだろう。クライエントが退院後の生活を不安として訴えた場合、援助者に求められることはどのようなことだろうか。退院後に当のクライエントが利用できるサービス範囲を押さえておく必要があることは言うまでもないだろう。場合によっては、他職種や他機関との連携が必要なこともあるかもしれない。しかし、それらの専門知識（「未知への問い」から得られる知識）だけで相談に応じることは臨床家として十分であると言えるだろうか。

　筆者は現在、社会福祉の教育に携わっており、学生たちはみな社会福祉士の資格を取ろうと必死になって勉強している。社会福祉士になるためには専門分野に関しての集中的な学習が欠かせないし、それはそれで決して疎かにされるべきではないが、一方で、それら国家資格取得のために必要な知識というものは未だ自分が知らない知識を勉強することによって得る知識という意味で「未知への問い」に属するものであることが忘れられてはならない。人が人を相手とする対人援助の専門職者にはそうした「未知への問い」から得られる知識と同時に、すでに知っている（と思っている）ものを自ら問い直す態度（「既知への問い」）が求められる。「既知への問いを行うことは、自分自身のあたりまえとしてきたことに問いを投げかけることであり、自分と切り離すことができない。問いの対象となる人やできごとだけでなく、問いを発する人自身が問われるということに特徴がある。したがって、自分だけが安全なところにいて知識を増やすのではなく、自分自身が変容しながら学ばなければならない」[12]。対人援助の専門職者にとって必要なのは（「未知への問い」と同時に）実はこの「既

知への問い」を持ち続けることなのだが，国家資格取得のための「詰め込み学習」は往々にしてそのことを忘れさせやすい。

　学生の中には自分でも気づかぬうちに自身の感情を表情や態度に露骨に表してしまう者がいる（そうした傾向がある者は学生に限らないことは言うまでもないが）。当の本人は気がついていないが，その人にかかわっている周囲の人は本人の気持ちが手に取るようにわかってしまうのである。

　たとえば，授業の中で学生が発表をしていると，ある女子学生（Ａさんとする）が口には出さないものの途端に嫌そうな顔をした。どうやら，発表をしている学生の意見と事前にまとめてきた自分の意見とが真っ向から反対するものであったために，そのような表情になってしまっているようだ。もちろん，当のＡさん自身はそのような表情をしながら発表を聴いていることに気づきもしないのだが，面と向かって発表をしている学生にとってみればＡさんの怪訝な表情は恐怖である。（それだけが原因ではないかもしれないが）実際，発表者の学生は終始緊張しており，発表が進むにつれて声もか細くなっていった。Ａさんは，どちらかといえば勉強に熱心なタイプで，日頃から「未知への問い」があれば積極的に調べ学習する「優秀」な学生である。その意味でいえば，Ａさんは「頭のよい」学生なのだが，単に頭脳明晰であるだけでは「今・ここで」発表している学生の気持ちを汲み取ることはできない。ここで問われているのは単なる知識量ではなく，むしろＡさんの普段の態度のありようであり，Ａさんの感性―自分自身に閉ざされた敏感さ（sensible）ではなく，他者に対して開かれた感性（sensitivity）―なのだが，当のＡさんはそれに気がついていない。こうした状況を変えるには，Ａさんに，なぜそのような表情をするのか・しているのかを問いかける必要がある。その問いかけは，Ａさんの今まで気づかなかった側面を照らし出し，場合によってはＡさんにショックを与えるかもしれないが，そうした問いかけこそがＡさんにとっての「既知への問い」を生む可能性となるのである。

　自分にとって良いことが嬉しさのあまり表情や態度に表れてしまうというのであればさほど大きな問題はないのかもしれないが，これが自分に不都合な事

情だからといって不快感を露わにしてしまってはやはり問題である。言うまでもなく，社会福祉士は対人援助の専門職であるわけだから，社会福祉士として働くからには自己の態度のありようを見つめ直す真摯な態度が欠かせない。にもかかわらず，Aさんのように，自身の感情を表情や態度にストレートに出し過ぎてしまう者は自身が相手と対峙している「今・ここで」そのような表情・態度をしていることばかりでなく，そのことによって目の前の相手を不快にさせてしまっている（あるいは，傷つけてしまっている）ことに往々にして気づかない。対人援助の専門職として働く上では，業務上の自身の態度のみならず，本当は普段の生活の中での自身の態度こそが問われるべきなのであるが，「未知への問い」にばかり気がとられて，既知（ここでは普段の生活における自身の態度）を振り返ることなくして卒業してしまうケースもありうる（日常の中での態度のありようは職場での態度のありように必ずや直結しており，両者が無関係であるということはありえない。むしろ，日常の態度がそのまま職場での態度に反映するのである）。いくら知識量としては豊富に持っていたとしても，「今・ここで」の自身のありようを顧みず，意識的ではないにせよクライエントを不快にさせ，場合によっては傷つけるような社会福祉士にクライエントが信頼を寄せることはない。社会福祉士として働くことを目指すからこそ，知識だけを万全に備えていたとしてもそれだけで対応することは不十分であり，そのつど一度きりの実践であり取り返しがきかないものであるとして「既知への問い」を持ち続けることの重要性が忘れ去られてはならない。

　本章で述べてきたように，「臨床的態度」は一回性の実践の中で実現していく自らの基本的態度のことであり，その態度のありようは他者とのかかわりの中で常に問われ続けるものである。したがって，「臨床的態度」は，援助者にとって常に「既知への問い」であり続けると言えよう。言い換えれば，「臨床的態度」を「既知への問い」として自ら問い続けることが実践力の基礎を固めることとなるのである。

　先の例で言えば，退院後の生活に不安を感じているクライエントに対して，まず援助者に求められることはそのクライエントの不安を聴き，受けとめ，応

答することだろう。具体案の提示は，クライエントの不安がいくらかやわらいでからの話だろう。もし，クライエントの不安をそっちのけにして足早に具体案を提示しようものならば，「私はそのようなことを相談しに来たのではない」とクライエントに憤慨されるかもしれない。「未知への問い」は「既知への問い」を基礎として成り立つものであって，決して逆ではない。「未知への問い」を積み重ねていくためには，その基盤にある「既知への問い」を鍛え上げることがまず必要だ。自分自身への問いとして「既知への問い」を持ち続けるからこそ，「未知への問い」が活きるのである。言うまでもなく「未知への問い」から知識を得ることは不可欠であるし，それなくしてはいかなる援助実践も行うことができない。だが，知識を蓄積することばかりにかまけて自身の態度に目もくれないならば，懸命に積み上げてきた知識はクライエントの前で揺らぎ，脆くも崩れ去るだろう。対人援助の専門職者には，「臨床的態度」を実践することに絶えず努力し続けながら（「既知への問い」を絶えず鍛え上げながら），専門知識を広げていくことが求められるのである。

注

(1) 足立叡「対人関係と人間存在—『ある—ない』と『いる—いない』—」早坂泰次郎編『〈関係性〉の人間学—良心的エゴイズムの心理—』川島書店，1994年，p.117
(2) 早坂泰次郎「感性と人間関係」日野原重明編『アートとヒューマニティ』中央法規，1988年，pp.50-52
(3) 足立，前掲書，pp.113-129
(4) 中村雄二郎『臨床の知とは何か』岩波新書，1992年，p.135
(5) 同上書，p.136
(6) 佐藤俊一『対人援助の臨床福祉学—「臨床への学」から「臨床からの学」へ—』中央法規，2004年，p.36
(7) 早坂泰次郎『人間関係学序説—現象学的社会心理学の展開—』川島書店，1991年，p.139
(8) 同上書，p.139
(9) 同上書，p.139
(10) 同上書，pp.139-141

(11) 佐藤俊一『ケアの原点―愛する・信頼することへの挑戦―』学文社，2008 年，p.86
(12) 同上書，p.24

📖 参考文献

足立叡「対人関係と人間存在―『ある―ない』と『いる―いない』―」早坂泰次郎編『〈関係性〉の人間学―良心的エゴイズムの心理―』川島書店，1994 年

佐藤俊一『対人援助の臨床福祉学―「臨床への学」から「臨床からの学」へ―』中央法規，2004 年

佐藤俊一『ケアの原点―愛する・信頼することへの挑戦―』学文社，2008 年

中村雄二郎『臨床の知とは何か』岩波新書，1992 年

早坂泰次郎「感性と人間関係」日野原重明編『アートとヒューマニティ』中央法規，1988 年

早坂泰次郎『人間関係学序説―現象学的社会心理学の展開―』川島書店，1991 年

早坂泰次郎編『〈関係性〉の人間学―良心的エゴイズムの心理―』川島書店，1994 年

第3章

実践力を高める基礎の学び

　対人援助とは，人間関係の中で，クライエントがどのような苦しみを抱えているのかを知り，受けとめていくことから始まる。「対人援助における専門性」というと，援助の際に大量の情報や社会資源を提供することがより高い専門性と考え，そのために，制度・政策を学習し「援助実践で使うことができるようにする」という考え方もあるだろう。もちろん，知識を増やし，必要な時に紹介することは大切である。しかし，その前提にあるのは，クライエントと援助者との人間関係である。制度・政策といった知識をいくらたくさん持ち合わせていたとしても，クライエントとのかかわりなしに対人援助は行えない。対人援助においては，クライエント自身が，自らどのように生活していきたいかを明確にし，自己決定していけるようになることが求められる。そのためには，まず，「クライエントとのかかわりを基盤として援助を展開していくこと」が基本になる。ここでは対人援助における専門性のあり方を検証し，第2章でも示された「態度としての臨床」を含めて，基礎を学ぶことの重要性から専門性のあり方を明確にしていく。

第1節　対人援助における専門性の位置づけ

1　対人援助の専門職

　現在の社会福祉における専門職は，社会福祉士，精神保健福祉士，介護福祉士，保育士など，多岐にわたっている。社会福祉サービスのクライエントは，障害のある人や高齢者，生活困窮者や妊産婦，乳児，幼児など，年齢や生活状

況，ニーズが異なるため，援助を行う分野が分かれており，各々の職種が施設や病院などでそれぞれの役割に従事している。よって，クライエントに必要となる情報や社会資源は，各分野によって様々であり，そのための知識も異なる。しかし，メイヤロフ（Mayeroff, M.）は「一人の人格をケアするとは，最も深い意味で，その人が成長すること，自己実現することをたすけることである[1]」と指摘しており，この視点は，クライエントの年齢やニーズにかかわらず，すべてのクライエントに共通していると言える。また，メイヤロフは，「相手が成長し，自己実現することをたすけることとしてのケアは，一つの過程であり，展開を内にはらみつつ人に関与するあり方であり，それはちょうど相互信頼と，深まり質的に変わっていく関係を通して，時とともに友情が成熟していくのと同様に成長するものなのである[2]」と述べている。このことから，援助実践の現場がそれぞれ分かれていたとしても，「クライエントとのかかわり」を基盤としてウェルビーイングを目指し，サポートするといった視点が共通して重要であることがわかる。

　他方で，わが国の最近の社会福祉の動向として，対人援助職の資格取得にまつわるカリキュラムの大幅な改正が行われたことは周知のことだろう。具体的に言えば，2007（平成19）年に，介護・福祉ニーズの多様化を踏まえ，人材の確保や資質の向上を図ることを目的として「社会福祉士及び介護福祉士法」が改正され，専門職養成のための教育内容の見直しが行われた。そして，2009（平成21）年から，より質の高いケアを行うことを目的として新たなカリキュラムがスタートしている。同様に精神保健福祉士は2011（平成23）年にカリキュラムが見直され，2012（平成24）年から新たにスタートしている。また，筆者が現在携わっている保育士養成校においても，2011年度から新カリキュラムがスタートし，より充実したサービスを行うために，保育士の保護者に対するサポートが強調されるようになった。対人援助の教科で言えば，これまでのソーシャルワークにあたる「社会福祉援助技術」の科目が共通して「相談援助」という名称になり，対人援助者として，福祉課題を抱えたクライエントの相談に応じ，他の専門機関との連携を図り，地域福祉の増進に働きかける役割を身につ

けることが強調されている。これらの改正は，社会の変化に伴い，社会福祉教育が転換期を迎え，「専門職」としてのあり方が問われていると言ってもいいだろう。

では，そもそも現代社会における対人援助の「専門職」の条件として，どのようなことが望まれているのだろうか。仲村優一は20世紀の初め以来，「専門職，ないし専門職業とは何か」について多くの論文が書かれているが，共通している専門職の特徴を以下のようにまとめている。[3]

(1) 専門職とは，科学的理論に基づく専門の技術の体系を持つものであること
(2) その技術を身につけるのには，一定の教育と訓練が必要であること
(3) 専門職になるには，一定の試験に合格して能力が実証されなければならないこと
(4) 専門職はその行動の指針である倫理綱領を守ることによって，その統一性が保たれること
(5) 専門職の提供するサービスは，私益でなく，公衆の福祉に資するものでなければならないこと
(6) 社会的に認知された専門職団体として組織化されていること

この(1)で示される「専門職とは，科学的理論に基づく専門の技術の体系を持つものであること」とは，各々の大学や専門学校などの養成校において実施されている，講義や実習などで構成された専門カリキュラムを指している。社会福祉士を例にとって言えば，福祉系大学等において指定科目や基礎科目を学び，単位を取得した後に国家試験の受験資格を得る体系になっている。また，社会福祉施設などで実務経験があったとしても，一定期間の教育を受けなければ受験資格を取得することができない。他の専門職も同様に，各々カリキュラムが組まれ，専門職としての資格を取得するカリキュラム体制が構築されている。また(2)で示される「その技術を身につけるのには，一定の教育と訓練が必要であること」とは，養成校におけるカリキュラムに沿って，出席日数や実習期間の規定をクリアし，単位を取得することを指す。そして，専門職として学ぶべき知識や実習などの演習は，単にそこに身をおいていれば身につくわけ

ではなく，自分から主体的に学ぶことが求められ，それがまさに訓練であるといえよう。(3)の「専門職になるには，一定の試験に合格して能力が実証されなければならないこと」とは，国家試験や単位取得を指し，(4)の「専門職はその行動の指針である倫理綱領を守ることによって，その統一性が保たれること」とは，それぞれの専門職団体が各々に「倫理綱領」を掲げていることからも明らかである。(5)の「専門職の提供するサービスは，私益でなく，公衆の福祉に資するものでなければならないこと」とは，対人援助がクライエントのウェルビーイングを目指し，クライエント自身が自己実現できるように支えていくということからも，その言葉の通りである。最後の(6)の「社会的に認知された専門職団体として組織化されていること」については，日本社会福祉士会や，日本精神保健福祉士協会の法人化などが進んでいることから，各々の対人援助職が職能団体として組織化され，社会的に認知される努力をしていると言えるだろう。

　社会福祉専門職の一人ひとりが，仲村の示すこれらの特徴を満たしていくことは，その社会的地位向上につながるであろうし，専門職として社会に役立つ存在になることは言うまでもない。また，その社会が必要とする状況や背景によって，専門職のあり方や，資格制度も変化していく必要がある。しかし，この(1)〜(6)の条件を満たし，専門職として成り立つには，その前提として基礎となる「人とのかかわり」を基盤に学ぶことが重要になるのではないだろうか。なぜならそれは，社会福祉における対人援助サービスは「人」や「生活」にかかわることがテーマであり，福祉課題を抱えるクライエント自身の主体的な取り組みとして捉えていくことが求められるからである。足立は，「専門職」という概念について，「本来，その時代，その社会の状況の中で常にそのつど問いなおされ，吟味されるべき『専門性』の認識の，いわばその時々の主体的な自己限定として制度化される時初めて，その実質的かつ現実的な意味を持つものである」と述べ，続けて，「専門職」制度とは，「その自らの限界性を明示し，当事者の専門性に関する主体的な認識活動を硬直化させない性格のものである」[4]としている。よって，カリキュラム改正には専門職として自分のその「専

門性」をどのように実現していくかという姿勢が問われていると言ってもよいだろう。次に，改めて専門性ということを確認していく。

2 「専門性」という言葉の意味

まず，一般的に「専門性」という言葉からイメージされることは，どのようなことだろうか。広辞苑によれば，専門とは，「特定の分野をもっぱら研究・担当すること。またその学科・事項など」と説明されている。文字通りに理解すれば，専門性とは，ある特定のことに限って知識・技術を持ち合わせていれば，専門性としての役割が果たせそうに思える。その分野の特性に関する知識・技術を得て，資格を取得した者が必要な時にその知識・技術を発揮し，対応することができるのであれば，この解釈で間違いはない。では，社会福祉における対人援助の専門性として考えるとどうだろうか。当然のことではあるが，対人援助は，サービスを必要としているクライエントがいなければ成立しない。前述した通り，対人援助は，「人とのかかわり」を基盤に専門性を発揮していくものだからである。専門資格を取得し，知識や技術を身につけていたとしても，対人援助者がクライエントから「どんなことに悩み，苦しんでいるのか」という気持ちを聴けなければ，援助を進めていくことができない。対人援助の専門性は，相手との関係があってこそ発揮できる専門性であり，クライエントとともに解決を目指していくことができなければ，学んだ知識や技術も生かされない。

足立は，「社会福祉の，とりわけその援助活動にかかわる知識や技術の対象とする問題や事柄は，基本的には，専門家であるなしにかかわらず，生活主体としての，あるいは社会的存在としての私たち誰しもにとって，日々その日常において自ら自身の問題としてとらえ，その解決を自ら自身図っていくことが求められているといってもいい。したがって，そうした問題や事柄を対象とする知識や技術もまた，その根本において，専門家だけが専ら所有することによって機能するものではなく，それを必要とする広く一般大衆誰しもにその生活において開かれたもの，あるいはその必要に応じて人々に開かれていくべきも

のであるといえる」と指摘し，専門性の「現実的公開性」と呼んでいる。そしてその専門性が「現実的公開性」を持つことを，社会福祉の専門職である援助者自身が自覚し，ケアを必要とするクライエントに公開していくことが求められていると述べている。

　足立が指摘する通り，対人援助の専門性は，特定の分野の知識や情報を持ってきて適応させて済むというものではなく，普段何気なく生活している日常生活においても（というよりも，むしろそこから）人にかかわる姿勢，態度を学ぶことができる開かれた専門性であり，そしてそれが基礎になっていく。多様化していると言われるクライエントのニーズに応えていくことや，より充実した援助を行うためには，社会福祉にまつわる制度が整い，その知識を身につけたとしても，目の前のクライエントとのかかわりを抜きに実践はできない。対人援助の専門性は，援助者がクライエントとのかかわりの中で自分の「専門性」をどのように実現していくかが重要になるのである。

第2節　専門性を支える基礎工事

1　事例：わかったつもりでは，できない援助

　これまで示してきたように，対人援助は，クライエント自身がどんなことに悩み，苦しんでいるのかという気持ちを理解することから始まる。クライエントを理解することが求められる援助者にとって，自分と全く違う環境にいるクライエントより，同じような境遇にいたり，似たような問題を抱えていたりする場合，相手の気持ちを理解しやすいと言えるだろう。しかし，いくら似たような状況にあるからといって，それだけで相手を理解できるとは限らない。「相手を理解する」ということは，自らがクライエントとのかかわりを通してそのつど問われ，応えていくというかかわりの中で行われる。このことについて，ある保育士の体験から考えてみたい。

Y保育士は，保育所勤務6年目を迎え，先輩のC保育士とともに0歳児クラスを担当している。A子（女児1歳）は，保育所に入所して半年だが，なかなか保育所に慣れず，一日中泣いていることもあり，離乳食も進んでいなかった。A子が一日中泣いていると，他児の保育に手が回らず，C保育士は「A子ちゃんの対応に追われてばかりでは他の業務に差し支える」と不満を漏らしていた。しかし，Y保育士は，A子の姉であるB子（3歳）も保育所に慣れるまで時間がかかり，泣いていたことも多かったため，もう少し丁寧にA子とかかわってあげたい気持ちがあった。そのため，A子を抱っこしながら他の業務を行うことが多くあった。

　ある日，Y保育士がA子を抱っこしているところに母親が迎えにきた。そして，「A子は離乳食も進まないし，授乳を断つタイミングをいつにしようか悩んでいて……」と話しかけた。A子の母親は，控え目な方で，普段の送迎の時間はすぐに帰ってしまい，なかなか話すことができなかったため，Y保育士はこれを機に今後のA子のことを話し合いたいと思ったが，それを遮るように，C保育士が「今日もA子ちゃんは一日中泣いていました。ご家庭でA子ちゃんとの時間をもう少しとることはできないのですか」と強い口調で話した。母親はうつむき，一筋の涙をこぼし，「すみません」とつぶやくとA子とB子を連れ，逃げるように帰って行った。

　Y保育士はC保育士の対応で，母親を追い込んでしまったのではないかと不安になり，自分がその時にどのように対応したら良かったのか後から悩んだ。先の出来事があってから母親が涙を流したことが気になってしまい，「C保育士の言葉が母親を泣かせてしまった」と考え，彼女の対応を不満に感じたが，それを言葉にすることは控えた。

　ちょうどその頃，保育士を対象とした事例研修会に参加する機会があったY保育士は，この出来事を，「気になっている事例」として取り上げた。Y保育士の事例を聴いた他の参加者に，「これまで，A子のことをC保育士と話し合ったり，母親と面談したりする機会を作らなかったのか」と疑

問を投げかけられた。すると,「C保育士は先輩で,後輩の自分からは意見を言いにくかった。そしてA子の母親も年上でおとなしい印象があり,どのようにかかわっていいかわからなかった」と,初めて自分の思いを言葉にした。そして,Y保育士自身がA子と同じ歳の女児の母親でもあることから,自分が母親の役割になって考えると,「保育所の先生に子育ての指摘をされることが怖い」と思うことや,そして仕事をしながら子育てをする自分と重ね,「きっと大変なのだろう」と母親の気持ちをわかるつもりでいた,と自分の気持ちを素直に話した。この事例発表を通し,Y保育士は先輩のC保育士のかかわり方を問題と捉えていたが,実は,自分とA子の母親との関係があやふやになっており,そのことが問題であったことが明らかになっていった。

　母親の涙を見て,戸惑い,どのようにかかわればよいかわからなくなっていたY保育士だったが,事例研修会を通し,自分自身が気になっていたことを事例として話し,自分の気持ちを研修メンバーに聴いてもらったことで,母親との関係をはっきりすることができた。そして,向き合うことの必要性に気がつき,研修会後,C保育士と相談し,母親とゆっくり話す機会を作るために面談を提案することにした。母親は,面談を受け入れ,最初は緊張した様子だったが,次第に夫が仕事で忙しく,仕事,子育て,家事に追われて余裕がないことや,3歳になった姉のB子の自己主張が出てきて,A子との時間をなかなかとれずにいることを話してくれるようになっていった。Y保育士は,面談という行動に移せたことで,一人で抱えていたモヤモヤした気持ちから,ようやく援助の一歩が踏み出せたと感じた。

2　関係をはっきりさせるということ

　実際,この母親もA子のことを相談したい思いがあったのだろう。控え目で,普段から積極的なかかわりを持とうとしない母親から,「授乳を断つタイミング」を相談として持ちかけたのは,話すきっかけを求めて勇気を出して行動したの

かもしれない。もちろん、この相談に対し、保育士が、子どもの発達段階に沿った断乳の仕方など、情報を提供することは必要であるし、重要なことである。そしてその知識を提供することで、母親の投げかけた質問に答えたかたちになるのかもしれない。しかし、それは1歳児の一般的な特徴のことであって、A子の一部分にすぎない。普段のかかわりを通し、A子を理解した上でのアドバイスでなければ、援助の本当の意味をなさない。今、A子が保育所でどのような状態にあるのかをきちんと伝え、母親とともにA子を受けとめ、理解していくことが母親を援助していくことにつながるのである。このY保育士は、自分自身の子どもとA子が同じ年齢の女児であり、仕事を持つ母として似ている状況を生きていることから、「母親」という同じ役割で考えることで、わかったつもりでいた。しかし、それが結果的に、母親とかかわれない状態を生み出していたのである。実際の援助の中では、考えるだけでなく、自分が感じていることを言葉にしたり、疑問に思ったことを投げかけたりしていくことが求められる。そして、その態度は先輩のC保育士との関係においても同様であり、ともに援助を進めていくためには、「自分の気持ちを伝えること」が必要になってくる。研修を通し、Y保育士自身がそのことに気づいたからこそ、面談の機会を設け、きちんと向き合ってかかわるという行動を起こすことにつながったのだ。

　この事例から、対人援助者自身が悩みながらも気にかかっていることを言葉にしていくことで、その関係が明確になり、「今・ここで」何が大切なのかが見えてくることがわかろう。また、対人援助の専門性は、こうしたクライエントとのかかわりを基盤として発揮されるものであることがわかる。これは保育士にとどまらず、現場でさまざまなクライエントとのかかわりを持つ専門職にとって、共通して言えることであり、対人援助の専門性は、クライエントとのかかわりの中で、相手の気持ちや考え方に触れ、ともに寄り添う姿勢や態度ができているかが、常に問われていると言える。相手が今何を必要としているか理解していくためには、かかわりの中で互いに気持ちを伝え合うことが不可欠であり、そのためにはクライエントときちんと向き合っていくことが基礎とな

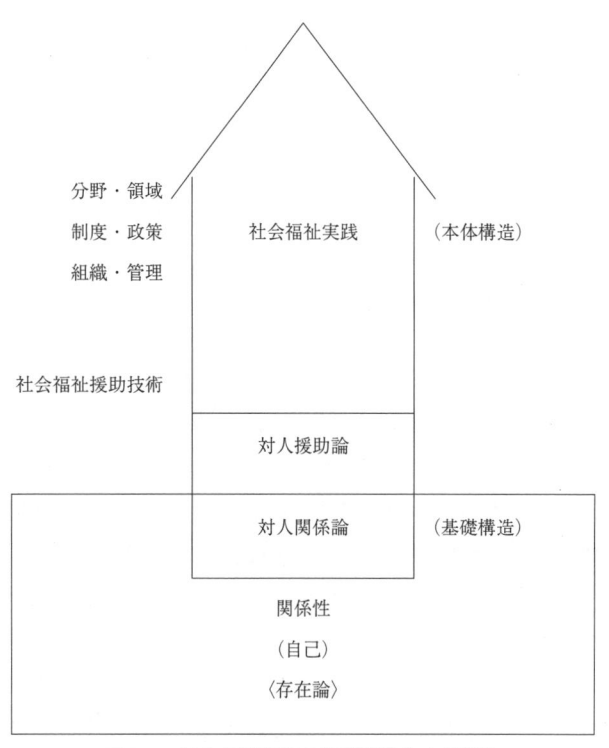

```
                        /\
                       /  \
                      /    \
       分野・領域    |      |
       制度・政策    | 社会福祉実践 |  （本体構造）
       組織・管理    |      |
                    |      |
     社会福祉援助技術 |      |
                    | 対人援助論 |
    ┌───────────────|──────|───────────────┐
    │               | 対人関係論 |  （基礎構造）    │
    │               └──────┘                │
    │                 関係性                 │
    │                 （自己）                │
    │                〈存在論〉               │
    └──────────────────────────────────────┘
```

図 3-1　社会福祉実践の基礎構造と本体構造
出所：足立叡編『新・社会福祉原論』みらい，2005 年，p.220

るのである。この基礎の大切さについて，足立は 1998（平成 10）年の社会福祉基礎構造改革の取り組みを建築工事に例え，図 3-1 のように示し，次のように説明している。

　社会福祉の「本体構造」についての学びと実践は，その教育現場や実践現場の別を問わず，社会福祉の「基礎構造」に基づく学びと実践への視点を常に必要としているのだということをも意味しているといえよう。建築工事にたとえていうならば，建物を建てる場合，そこには必ず2つの工事が

必要である。すなわち，建物本体を建てる「本体工事」と，その本体の建物を支える基礎を打つ「基礎工事」の2つである。そして，建物本体の工事に関しては，その時代や社会の状況のなかで，人々の住居や建物へのニーズや生活機能の必要性に即して，その設計やデザインは「現代化」という名のもとで新たな装いで構築されるものであろう。さらに，建物の本体が完成してしまえば，人は地上に建てられた目に見える本体にもっぱら注意と関心を向け，地中に打たれ，その本体を支えている基礎工事のありようにはしばしば無頓着になりやすいといってもよい。しかし，その本体の建物が見た目にはいくらすばらしく見えようとも，もし，その基礎工事がずさんなものでしかなかった場合，それは極端な場合，いわば砂上の楼閣でしかないといってもいい。したがって，いかなる建物もそれが建ってからも，またすでに見えなくなってはいても，その基礎工事のありように常に注意と関心を向けていくことが求められるであろう。(7)

　足立が説明する対人援助の専門性を支える基礎とは，クライエントとの一回一回のかかわりの中で問われ，実践されていく。その一回性を大切にできるかが，基礎工事であり，専門職としての本体構造，つまり社会福祉実践につながっていくと言える。当然のことながら，目の前のクライエントときちんと向き合い，応えていくという基本的なかかわりこそが，専門職の専門性として問われることである。

3　事例：子育てに悩む母親に対する援助

　人は誰も，生きていく中で大なり小なり様々な問題に直面した時，そのつど，家族や友人などの力を借りて自分なりの方法を模索し，対応して生きている。しかし，その努力が実を結ばずに困り果てた時，専門職の力を借りて問題の解決を試みる。次の事例は，子育てに悩む母親が試行錯誤の中，専門職のアドバイスを得たものの，それでもうまくいかずに困り果てた末，さらに援助を受けた事例である。

S君は生まれて間もない頃から便秘気味であった。食も細く，体重が増えないことが母親の悩みだった。かかりつけの小児科では，朝，牛乳を飲ませることをアドバイスされ，ハイハイから歩くようになれば，改善されるだろうと言われた。薬と浣腸を処方され，アドバイス通り半年間続けたが改善は見られなかった。その後S君は1歳4ヵ月で歩けるようになったが，便秘は続いていた。1歳半健診においても保健師や小児科医に相談したが，少しずつではあるが体重も増え，身長も伸びており，成長に問題はないため，かかりつけ医と相談しながら経過を見るように言われた。

　母親はその後も，ベビーマッサージの講師に，便秘に効くマッサージ方法を学んだり，栄養士に指導を受けた便秘改善の食事を作ったり，工夫をする日々を続けていた。しかし，S君は変わらず少食で，浣腸をしなければ便が出ず，薬を飲む毎日だった。努力してもうまくいかない子育てに，母親は気持ちが沈みがちになっていた。

　そんなある日，自宅近くの地域子育て支援センターに行くと，T保育士が「最近子育てどう？」と声をかけた。「便秘のために，もう1年も薬を飲ませていて，浣腸を続けて，病院にも，栄養士さんにも相談して……。ベビーマッサージも続けているのですが，良くならなくて……」と話すと，T保育士は，「便秘，つらいねぇ。苦しいよねぇ」と，S君に問いかけるようにS君のお腹を優しく撫でながら応えた。S君は保育士の優しい言葉に応えるようににっこりと笑顔をみせた。すると母親はハッとしたような表情で，「Sの身体のことでいろんな専門家に相談したのですが，便秘で苦しいSの気持ちを考えてくれたのは，先生が初めてです」と話し，涙目になった。するとT保育士が，「専門の先生はいろいろ情報をお持ちだけど，それがS君に合うかわからないものね。お母さんも大変でしたね」と優しく話した。母親は，「いろんな専門家にいろんなアドバイスをいただいたのですが，どれもうまくいかなくて，正直，意地になっていました。辛いのはS自身ですもんね。もう少しSの様子を見て，気長に試行錯誤してみ

ます」と話した。

4 自分を使うこと―知識や経験への態度―

　この事例の母親のように，悩みや問題を抱えているクライエントにとって，専門職に何かアドバイスを求めたり，解決するための必要な情報を得たいと望んだりすることは，よくあることである。しかし，単に問題解決のための知識や情報を得れば済むと言えるのだろうか。さまざまな専門職者からの知識や情報に頼っていたこの母親にとって，そのアドバイスがうまく活用できずに問題が解決しなかった時，苦しみは更に大きくなったように感じたことだろう。最初はS君の身体を心配して様々な方法に取り組んでいたが，うまくいかない状況から，母親は自責の念に駆られるようになっていったのではないだろうか。そして次第にS君のためというより，むしろ母親としてうまくいかない自分にとらわれ，S君のことを見ることができなくなっていたのだろう。S君の身体を思って悩んで相談していたことが，次第に母親としての自分の問題になってしまっていたのである。そんな母親に対し，T保育士は，専門的なアドバイスをせずに，まずS君自身の身体が辛いことを理解し，お腹を撫でた。専門職からのアドバイスで頭がいっぱいになっている母親に対して，これ以上情報を提供することは，母親を余計に苦しめることになるからである。目の前にいるS君に優しくかかわり，お腹を撫で，S君自身の身体を大切に思うT保育士の姿勢が，頑なになっていた母親の気持ちを解し，子どもと向き合うことが大切であるという気づきを促したと言える。専門職として，持っている知識を提供することだけが専門性なのではなく，クライエントが自分の問題に気づいていける働きかけが重要なことになる。もちろん必要な時に専門的な知識を提供することは大切であるが，ここではその必要性がなかったと言える。専門職が専門的アドバイスや助言をして対処しようとすることがしばしばあるが，それは，何かすることで対人援助者としての満足感を得られるからであろう。対人援助の専門性は自身の持つ経験や知識をどのように使うかが，一回一回の援助の中

で問われているのである。

　宗教哲学者の谷口隆之助は「わたしたちが生きていく時に経験する苦しみや悩みは，まさに自分がいま，生身の存在として生きておるというところから出てくる苦悩なのであって，その苦悩の解決を単なる知識に求め，知識が解決してくれると思うのは錯覚である(8)」と指摘している。クライエント自身が，自分の力で問題に向き合っていけるように，そして力を発揮できるように援助することが専門職の役目であり，専門職の相談に応じる態度が，「クライエント自身の力につながる可能性」を秘めていると言える。専門知識を提供せずとも，専門職の姿勢や態度が，クライエントに気づきを促し，「自分自身の心の置き方を見つけていくこと」につながるのである。そのためには対人援助者がクライエントの混乱した状況をきちんと見ること，悩みや苦しみをどのように感じ，どんな気持ちでいるかを聴けることが大切になってくる。そこで，次に対人援助の専門性として，「見る」こと「聴く」ことについて考えてみたい。

第3節　対人援助技術を支える専門性とは

1　「見る」と「聴く」

　対人援助の専門職として人の気持ちを理解しようとする時，私たちは，具体的に相手の気持ちを聴くことで，理解しようと試みる。そのことからも対人援助者の専門的な技術として「傾聴」という言葉がよく紹介される。社会福祉用語辞典によれば，「傾聴」とは，「ケースワークの面接技法の一つ。クライエントとの効果的なコミュニケーション手段となる。面接においてはクライエントのペースで話してもらえるようにするがワーカーはただ聞いているのではなく，あいづちを打ったり，クライエントの話す内容に応じて感じたことを表情に表したり，時にはクライエントの言葉を繰り返すことによって，一生懸命聴いているということをクライエントに伝わるようにしなければならない。そのためにはクライエントが感じていることや伝えたい内容を正確に受けとめることが前提となる(9)」と，説明されている。しかし，一生懸命聴いているということが

クライエントに伝わるかどうかばかりを気にしていると，第2章でも示したように，「専門職である自分の聴く態度」に意識(sensibility)が向いてしまい，クライエントの思いを聴くことができなくなってしまう。精神科医のフロム-ライヒマン (Fromm-Reichmann, F.) は，不安定感を持つ精神科医は「患者に，あの先生は自分たちのいうことをよくきいてくれ，かくかくしかじかの処置をしてくれたという評判をたててもらいたいために，患者を回復させなければならないという考えで一杯であって，なおることに対する患者のほんとうの欲求や努力に対してはきく耳を持たず，見る眼を持たなくなるのである」と指摘する。そして精神療法家に求められる基本的資質として，第一に「聴くことができなければならない」とし，これを必須の前提条件としている。これは，専門職の心が安定していなければ，クライエントの気持ちを真に「聴く」ことはできないということを意味する。専門職者自身が不安定な心の状態では，クライエントの気持ちを自分の意のままに解釈し，理解したつもりになってしまう恐れもあるからだ。クライエントの気持ちを真に「聴く」ということは，あるがままのクライエントを見て，どのような表情で話し，どんな気持ちで打ち明けているのかを感じることである。そのため「聴く」前提に「見る」ことが求められ，相手の思いに触れることが，すでに働きかけになっているのである。

2 事例：見る，聴く姿勢の問いかけ

「聴く」ためには「見る」ことが前提になると述べたが，それはクライエントに対する姿勢の表れだと言える。クライエントが一生懸命話をしていても，相手がきちんと見てくれていなければ，聴いてくれない，理解しようとしていないと感じ，話す気持ちが失せるであろう。それは子どもであっても敏感に感じ取るものである。以下のP君とW保育士のかかわりから考えてみよう。

保育所に通うP君(4歳)は，よく，「W先生，見ててね」と言って，でんぐり返しをして見せたり，パズルの作成経過を見て欲しがる。先日もい

つものように「W先生，見ててね」と言いながら，覚えたばかりの歌を歌い始めた。歌だから聞いていればいいものと思って，作業をしながら聞いていると，「ね，先生，ちゃんと見ててよ」と言って，W保育士のエプロンを引っ張るので，「はい，はい，聞いているよ」と答えた。すると，P君は「見てないじゃん」と言って泣き出した。W保育士は彼の涙を見て，ハッとし，「ごめんね」といって手を止めて，改めて彼の前に座り，眼を合わせて歌を聴くと，P君は満足そうに「最後までできたでしょ［歌えたでしょ］」と言って，ニコニコしながら自分の遊びに戻っていった。

3 「見る」から「見える」，「聴く」から「聴ける」専門性へ

この事例は保育所の何気ない日常の出来事だが，P君とW保育士のかかわりから，きちんと「見て」「聴く」ことの大切さがわかる。P君の「見ててね」という言葉は，彼の気持ちそのものの表れだと言える。P君にとって，「見る」ことと「聴く」ことは切り離せないからこそ，「見ててね」と言ったのだろう。P君の「見てて」という言葉には「もっと姿勢で，身体全体で受けとめて」というメッセージが含まれていたのだと考えられる。佐藤俊一は「見ることを基礎として聴くことができる」として，次のように述べている。

「聴くということは，この相手を見る，実際には見る動きを基にして可能となっている。したがって，マナーとしても『話を聴く時は，話し手をきちんと見なさい』と言われるが，それは的を射ている。しかし，問題はどのように見るかだ。レンズにただ映っているものを観客として眺めるのではなく，わかろうとして動くことだ。その身体の動きが最も表れるのが目の動きであり，そのことが相手に伝わる。このように，見ることが聴くことにつながり，見ることで聴くことができる。この見る，聴くという動きができるかどうかが，一回一回の援助の場面で問われている(11)」。

佐藤が指摘するように，P君は，W保育士の表情や態度，様子から「見てくれていない」「聴いてくれていない」と，率直にその思いをぶつけてきた。そ

れは「わかってくれていない」と感じたからであり，P君の働きかけである。自分ができるようになったことをW保育士に伝えたかったし，一緒に喜んで欲しかった彼の思いが表れたのだ。言い換えれば，きちんと見て，聴いて，気持ちを姿勢で受けとめて欲しかったということができる。P君の涙を通し，初めてW保育士は，自分がP君の気持ちを「受けとめていなかった」，そして「わかっていなかった」ことに気づいた。自分は聴いているつもりになっていたが，P君の気持ちには応えていない，つまり聴いていなかったことに気づいたから，咄嗟に，「ごめんね」という言葉で，P君の気持ちに応えたのだろう。この事例から，「見る」ことを基礎として「聴く」ことが，クライエントの気持ちを受けとめていくことにつながることがわかる（第1章第4節「対象化への視点―見えるの発見」を参照）。

4　事例：見えなかった，聴けなかったことに気づくこと

　人は過去の出来事に対して，「あの時は見えていなかった」とか，「あの時はちゃんと聴けていなかった」と後になって気づくことがあるが，それはなぜだろうか。たとえ真面目に懸命に仕事をしていたとしても，相手の気持ちが見えない，聴けない，わからないということがある。このことについて事例を通して考えてみたい。

　5歳のD子と2歳のE君を育てている母親から，ある日の送迎時に担任のM保育士に相談が持ちかけられた。母親は，「先生，少しお話ししても良いですか」と深刻そうな顔つきで，戸惑いながらも遠慮がちに話し始めた。「あの……，うまく話せるかわからないんですが……，子育てにおいて親とのスキンシップが大切だとはわかっているのですが，女同士というせいか……，弟のEにそのように感じることはないのですが，D子とのスキンシップがどうも苦手で，なんというか……抵抗を感じて，気分良く抱きしめてあげられず，それがD子に伝わってしまいそうで……。もしかした

ら，もうわかっているかもしれないんです。まだ甘えてもいい時なのに，他のお子さんみたいに，あんまり『抱っこ！』って言ってくっついたりしてこないんです。なんだかD子に申し訳ない気持ちで……」と，ポツリポツリと話し，最後は言葉に詰まり，うつむいてしまった。相談されたM保育士は，D子ちゃんは可愛らしく素直な子どもであり，なぜ母親がそんなに深刻に悩んでいるのかわからず，なんと返答して良いか悩んでしまった。また，その日は他の保護者の送迎もあったため，「そうでしたか。保育所ではD子ちゃんにとくに変わった様子は見えないので，何かありましたら，連絡取らせていただきますね」と答え，D子親子を慌ただしく見送ってしまった。しかし，後に自分の対応がそれで良かったのか気になり，送迎時間終了後，主任に相談した。すると，主任から「お母さんは，D子ちゃんが大切だから悩んでいるのであって，これでいいのかって不安でいっぱいだったんじゃないのかしら。まず話を聴いてみたら」と疑問を投げかけられた。M保育士はこの主任の言葉で初めて，母親にD子の保育所での様子を伝えただけで，母親の子育ての不安や悩みを聴いていなかったことに気がついた。送迎時の忙しさに追われ，母親がポツリポツリとためらいながら話した思いや，勇気を出して相談した気持ちを大切にできなかったことに気づき，すぐに自宅に電話をすることにした。そして，送迎という業務に追われてしまい，きちんと話す時間を持てなかったことを詫びると，母親は「こちらこそ，急にすみませんでした。私，もともとスキンシップは昔から苦手で，どのようにしてあげたらいいか考えていたら，いっぱいいっぱいになってしまって……」と，話をしてくれた。M保育士は「そうでしたか。D子ちゃんのこと一生懸命考えて悩んでいらしたんですね」と受けとめ，スキンシップは意識的に抱きしめることだけでなく，手をつないだり，頭をなでたり，歯みがきの仕上げなど，生活の中で一緒の時間を過ごすことも，スキンシップにつながると伝えると，「先生にお電話いただいて話をしたら，なんだかホッとしました。あまり神経質にならないように，D子との普段の生活を大切にしてみます」と話した。

5　向き合うことから始まるかかわり

　この事例のM保育士のように日々の業務に追われ，その時々のクライエントからの働きかけにすぐに応じることができないこともあるだろう。しかし，向き合わなければ，相手の気持ちは見えもしないし，聴くこともできない。クライエントとの関係を大切にするということは，その時をともにし，「今・ここで」の気持ちを互いに伝え合うことだと言える。本当に忙しくて対応できなかったのかということを考える必要があるのではないだろうか。早坂は「真に見るとは，対象とのかかわりに入ること，対象との関係に入ること，それとともに生きることができて初めて，可能になる」と述べ，続けて，相手とともに生きる中で「今まで見えなかった面や部分が見えてくる」としている。これは前章でも述べた，「態度としての臨床」であり，お互いの気持ちを共有し，ともにいるという態度から生まれることである。それは，クライエントと対人援助者が，お互いの気持ちをわかっていくかかわりの中で生まれていく態度であり，お互いの気持ちを「受けとめる」ということにつながる。M保育士が主任からの言葉の後，D子の母親に電話をかけ，行動に移せたのは，主任の言葉をきっかけに「向き合っていない自分」に気づけたからであろう。自分の中に引っかかりを感じ，それを表現することで見えなかったことが見えるようになったのだ。こうしたかかわりを基盤として援助は展開されていくのである。「見える」「聴ける」ということは，向き合うことなしに実現できないのであり，同時に「目の前にいる相手に応える態度」であると言える。

6　事例：問う，伝える専門性

　専門職は，クライエントとの関係において，向き合うことから相手の思いが「見える」「聴ける」ようになり，気持ちを受けとめて，行動に移すことができる。この「見える」「聴ける」という関係の中で感じたことを伝えることが大切になる。足立は，「社会福祉の専門性は，その知識や技術の『対象者』に対して，専門家が『やってあげる』専門性ではなく，サービスのクライエント自身がその生活の自立にとってそこで必要としている知識や技術，また制度をそ

のかかわりの過程において『伝えていく』専門性である」と，述べている。かかわってみて初めて相手の気持ちを感じたり，気づいたり，見えてくるということがあるが，対人援助者の専門性は，そうしたプロセスにおいて発揮される。クライエントの状況について訊ねたり，混乱の中にある現状を伝えたりしていくことは，相手を理解し，ケアを行う過程で不可欠である。簡潔に言えば，専門職とクライエントが，互いに気持ちを伝え合う関係である。しかし，それを実践するということは容易なことではない。なぜなら対人援助者が向き合いたい，理解したいという思いがあったとしても，クライエントの思いが「見えてこない」「聴こえてこない」という場合もあるからだ。「見える」「聴ける」ということは，かかわりの中で生まれるのであり，専門職一人の努力でできる問題ではない。そのような時は，疑問に思ったことを問うことや，気持ちが見えてこないため「わからない」ことを専門職が伝えていくことで，対話できる関係になっていくことが求められる。

　ここで，子育て相談会に参加した障害のあるF君の母親（Gさん）とのかかわりを紹介したい。子育て相談会で他のメンバーが自分の子どもの子育ての悩みや成長について話す中，Gさんは，終始下を向いて話に参加できずにいた。筆者は彼女の状況がつかめず，気分が悪いのではないかと思い，声を掛けた。すると，「ちょっと，話合いには参加できそうにありません」とうっすらと涙を浮かべて辛そうな表情で言うので，席を外して休むように促した。すると，相談会後に以下に記す手紙を手渡し，足早に帰って行ってしまった。以下がその文章の一部である（Gさん本人の許可を得て掲載している）。

　妊娠した時，親は誰もが，自分が障害のある子の親になることなど想像したことがないでしょう。どんなに愛してやまない（命をあげてもおしくない）我が子であっても，障害のある子との生活は想像を超えて大変なものがあります。私でさえ「虐待」の二文字が頭をかすめたことがあります。専門家の心ない言葉に何度傷ついたことでしょう。

それでも親が子を愛する気持ちは消えることはないのです。子どもの無条件の親への愛情を感じて，親は親としてあろうと思うのです。「子育て」とはいいますが，私は子どもによって「親育ち」をさせてもらっている最中です。
　子どもを持って新しい価値観で人生を生き直しているようなものです。まだまだどのようにしていけるか，どのように家族全体がなっていくかもわかりません。でも，子どもの笑顔を消さないこと，そしてできたら"愛されて生きることができるように……"　と願わずにはいられません。
　大人になってもできないことは多いかもしれないけど，独りにならず，人の輪の中で生きてほしいと願うのです。そのために親は泣きたい気持ちを封印して，社会の中で育つ我が子の将来のために，自分をふるいたたせてがんばっていくのです。我が子の可能性と社会が変わってくれる可能性の両方に働きかけながら……。
　生きていくことのすばらしさ，大変さをこんなにも考えたことはありません。障害のある子でも，ない子でも，子どもの自ら生きようとする力はすばらしいです。大人はそれに追いつけるように，ただひたすら毎日がんばっていくだけです。

　筆者は，この手紙を受け取り，Gさんに障害のある子どもがいることを初めて知り，そしてこの手紙にどのように応えたらいいのか，正直なところ戸惑った。しかし，手紙を読んだ時点で，なぜこの手紙を書くに至ったかを聴きたいと思ったし，とにかく会って直接話さなければと感じ，Gさんと話をする機会を設けることにした。
　面接日，Gさんはドアを開けるなり，「すみません，この間は唐突に手紙を渡してしまって……」と身体を小さくして謝罪した。「いいえ，大丈夫です。でもあまりに唐突だったので，正直言うと少し戸惑いました」と応え，座るように促すと，身体を小さくしたまま静かに席についた。そして，「私は息子（F

君4歳)のことで，今も頭がいっぱいなんです」と話した。筆者が，「そうだったんですね。お手紙を読んで，F君のことやGさんご自身のことをいくつか教えていただきたいのですが……」と言いかけると，少し目を泳がせる様子を見せながらも，「そうですよね，何も前置きなしに，あの時の感情のままに書いてしまったので……」と話し，これまでの経緯を教えてくれた。それは，今回の子育て相談会に参加する前からF君の言葉の遅れを保育所の先生に指摘され，何度か診断を受けるように促されていたという話から始まった。そして，勇気を出して診察を受けると，子育て相談会の1週間前に，F君が軽度の知的障害と自閉的傾向があると診断されたとのことだった。診断を受けてから間もなかったこともあり，子育て相談会では，自分の子どもに障害があることを他の保護者に話すことができずに，何も発言することなく，そこに身をおいていたと話した。そして，子育て相談会の話合いの中で，ある保護者が子育ての悩みを話した際に，「どんな子どもでも，親が子どもを認めて，受け入れることが当然だと思う」という発言があり，それを聴いた途端，自分の子育てを否定されたようで苦しくなり，その場にいること自体が辛くなってしまったということだった。「障害のある息子を受け入れること」について悩んでいた彼女にとっては，この発言がとても辛い言葉であり，「ショックで何も考えられなくなった」と話した。それが，話合いの場で下を向き，参加できないという態度に表れていたのだろう。これまでの経緯を話した後，しばらく沈黙が続き，筆者も掛ける言葉が見つからなかったが，Gさんの思いが伝わり，しばらく言葉のない時間を過ごした。しかし，話を終えたGさんの顔を見ていると，少しずつ表情が和らいでいくのがわかった。

　Gさんの思いが見えてきたことは，その悩み苦しむ気持ちを感じた瞬間でもあった。また，Gさんが F君の障害について，夫以外に誰にも話せずに面談をしにきたこと，唯一話した夫は仕事が忙しく，十分な相談ができずにいることが，彼女を余計に苦しめているように感じ，その後も彼女が希望する時に継続して面談を行うことにした。

　2回目の面談の時は，初回に比べると表情は明るく，自分の母親(F君の祖母

にF君の診断結果を伝えたことを安心した表情で報告してくれた。子どものことを受けとめられたからこそ、祖母に話せたということに、Gさん自身が気づき、安心した表情となって表れていたのだろう。祖母に伝えられたことが、彼女の心を軽くしたように感じ、その一歩を踏み出せたことを筆者も喜んだ。「話せてよかったですね」と応えると、「でも、母（祖母）は、治療すれば治ると思っているみたいで……」と言葉に詰まった。F君の現状を「病気」と捉えている祖母と、「障害」と捉えているGさんとのギャップが、再び彼女を悩ませているようだった。しかし、祖母に話せたことで、これからのF君の将来に関する相談や協力が得られることは、Gさんの気持ちを前向きにさせているように感じたため、筆者は「F君のことを、これから少しずつ理解してもらえるといいですね」と話した。すると、「少しずつわかってもらう努力をしてみようと思います」と応えた。また、「仕事で家を空けがちな夫に子どもの話を積極的にして、関心を向けて、一緒に考えてもらいたい」と話してくれた。

　3回目の面談時、Gさんは『しつけと体罰』という本を見せ、「最近この本を見つけて、毎日持ち歩いて読むようにしているんです」と話した。筆者が「F君と何かあったのですか」と訊ねると、「いたずらした息子を叱る時、しつけと思って叱っているつもりが、感情的になって手をあげてしまいそうになって。障害のせいで伝わらないのか、本当はわかっているのに、わざといたずらするのか、息子の行動の見極めが難しくて……」と話した。そう話すGさんから、悩みながらもF君を理解したいという思いを強く感じた。そして、「Gさんは自分のかかわりがこれでいいのか、と不安になることがあるんですね」と伝えると、「そうなんです。だから、自分を律するために、この本を持っているんです。私はこの子のために叱ったのか、自分の感情に任せて体罰しようとしているのか……、そうやって、確認しないと不安なんです」と話した。「F君は動くことが好きな分、危険なことはきちんとわかるように伝えなければならないし、注意することが増えると母親としても辛いですよね」と伝えると、「安全なところで走り回る分には構わないのですが、社会に出て、何が危険で危ないことなのか判断できるようになってもらわないと、これから小学校に通うよ

うになったら，交通事故も心配ですし」と将来を見据えた話を聴くことができた。「F君の進路，ご家族で相談されたのですか」と尋ねると，「夫（F君の父親）と相談して，近くに住む母（F君の祖母）にも協力してもらえるように近所の小学校の特殊学級を考えているんです。でも車の通りが多いし，学童では障害児の枠がないので，仕事をどうするかなど，いろいろ考えなくちゃいけないのですが……」と応えた。

　Gさんと面談を重ねるたび，彼女自身のF君に対する向き合い方や障害に対する捉え方が変わっていったように感じられた。それは，F君のことを祖母や夫，そして面談において話せるようになっていったことと並行していた。最初は誰にも打ち明けることができず，下を向いた状態だった彼女が，悩みながらもF君に向き合っていく姿勢は，祖母や，夫，そして面談による「対話」から生まれたのではないだろうか。

7　対話的関係へ

　自分の気持ちや現状をいつでも的確に言葉で表現するということは，（個人差があるだろうが）容易なことではないし，とくに苦しみの只中にいるクライエントは，簡単に気持ちを言葉で表現することはできない。むしろ，言葉にしたくない思いもあることだろう。対人援助者は，こうしたクライエントの言葉にならない思いを感じ取り，応えて行かねばならない。クライエントの様子を見て，クライエントの思いを感じ取る感受性が必要となるのである。

　佐藤は「対人援助を実践するために必要なことは，援助者の傾聴する態度を行うことで自己満足するのではなく，クライエントと対話できる関係になることである」[14]と，述べている。相手の思いに触れていく中で，「もう少し話を聴かないとわからない」という思いになれば，その疑問を投げかけ，「問う」ことが必要になるし，疑問に思うことを言葉にできるようになることが，目の前の相手（クライエント）に対する誠実な態度だと言える。専門職として，「わからない」とクライエントに伝えることは勇気のいることかもしれない。「わかってもらえなくて構わない」と，背を向けられる可能性もあるからだ。しかし，

第3章 実践力を高める基礎の学び

だからといって,「わかったつもり」で援助をしていくことはできない。対人援助者として,戸惑い,迷いながらも諦めずにクライエントの気持ちをわかろうとしていく姿勢が対話につながっていく。そのためには,相手が話す気持ちになるまで,信じて待つことも必要であるだろう。これは決して一方の努力でどうにかできることではないし,楽なことではない。誠実な態度で,根気強く,互いに今の気持ちを伝えるということは,クライエントのために,そして援助者自身のためにも不可欠なのである。一人ひとりのクライエントに対して誠実に,自分の気持ちに正直に生きることが求められるのであり,それが対話的関係へのスタートになる。そしてそれを一回一回の援助の中で一人ひとりに実践していくことが,専門職としての責任であり,専門性と言えるのだろう。

注

(1) メイヤロフ,M.(田村真・向野宣之訳)『ケアの本質』ゆみる出版,1987年,p.13
(2) 同上書,p.14
(3) 仲村優一「社会福祉の位置と役割—生涯研修の意義—」日本社会福祉士会編『新社会福祉援助の共通基盤(上)』中央法規,2009年,p.3
(4) 足立叡『臨床社会福祉学の基礎研究 第2版』学文社,2003年,p.93
(5) 新村出編『広辞苑 第五版』岩波書店,1998年,p.1553
(6) 足立,前掲書,p.105
(7) 足立叡編『新・社会福祉原論』みらい,2005年,p.212
(8) 谷口隆之助『存在としての人間』I.P.R.研究会,1974年,p.2
(9) 山縣文治・柏女霊峰『社会福祉用語辞典 第9版』ミネルヴァ書房,2013年,p.73
(10) フロム-ライヒマン,F.(早坂泰次郎訳)『人間関係の病理学』誠信書房,1963年,p.77
(11) 佐藤俊一『ケアを生み出す力—傾聴から対話的関係へ—』川島書店,2011年,p.112
(12) 早坂泰次郎『関係からの発想』I.P.R.研究会,1986年,絢文社,p.12
(13) 足立叡・佐藤俊一・宮本和彦編『新社会福祉学』中央法規,1999年,p.25
(14) 佐藤,前掲書,p.151

参考文献

足立叡『臨床社会福祉学の基礎研究　第2版』学文社，2003年
足立叡編『新・社会福祉原論』みらい，2005年
足立叡・佐藤俊一・平岡蕃編『ソーシャル・ケースワーク―対人援助の臨床福祉学―』中央法規，1996年
足立叡・佐藤俊一・宮本和彦編『新社会福祉学』中央法規，1999年
佐藤俊一『ケアを生み出す力―傾聴から対話的関係へ―』川島書店，2011年
谷口隆之助『存在としての人間』I.P.R.研究会，1974年
新村出編『広辞苑　第五版』岩波書店，1998年
日本社会福祉士会編『新社会福祉援助の共通基盤（上）』中央法規，2009年
早坂泰次郎『関係からの発想』I.P.R.研究会，1986年，絢文社
ブトゥリム, Z. T.（川田誉音訳）『ソーシャルワークとは何か―その本質と機能―』川島書店，1986年
フロム, E.（鈴木晶訳）『愛するということ』紀伊國屋書店，1991年
フロム-ライヒマン, F.（早坂泰次郎訳）『人間関係の病理学』誠信書房，1963年
メイヤロフ, M.（田村真・向野宣之訳）『ケアの本質』ゆみる出版，1987年
山縣文治・柏女霊峰『社会福祉用語辞典　第9版』ミネルヴァ書房，2013年
米村美奈『臨床ソーシャルワークの援助方法論―人間学的視点からのアプローチ―』みらい，2006年

第4章 教育における人間開発

　本章は，社会福祉教育において教育する者が外から眺めるように知識・技術偏重的な教育実践を行う問題を取り上げ，相手の〈全体としての自己〉にかかわりうる教育実践がその教育する者の自己変容への気づきによってなされうる可能性を論じる。教育する者は，不断の実践過程の中から，相手が一人の個別的な存在であることをその相手自身から気づかされる。実践過程の中で教育する者である教員の気づきが生まれるのは，相手である学生の側に立って自分自身がどうあるべきなのかと自身のあり方を問う姿勢を持つからである。こうした教員の臨床的態度が生徒に対する〈全体としての自己〉にかかわりうる態度として教育姿勢に表れ，教育実践が展開されるのである。こうした実践を支える思想は，第8章に示すように淑徳大学学祖が提唱した「人間開発」という教育思想にすでに胚胎されていることに気づかされるであろう。

第1節　「存在論的事実」と生きられる教育

1　足立理論と臨床社会福祉学

　足立理論の根幹には次のような問題意識が通底している。その問題意識は実践的態度についての警鐘に他ならない。足立は，学生が社会福祉について何を希求し，どのように考えているのかを置き去りにしてしまいがちな社会福祉教育についてのあり方への再考を促している。足立は，この問題を次のように述べる。「ケースワーク教育に携わる中で，たとえばその講義において，ケースワークにおける援助や処遇をいきおい『技術』や『理論』としてとらえ，それをいわば既知として，その援助技術と言われるものの内容やその技術の展開過

程をただ理論的に『説明』し，伝達することに，あるいはその概念や理論の『適用』として事例を『分析』し，説明することにしばしば違和感を感じ続けてきたのも事実である」[1]。もとより，足立理論において，技術，理論，分析といったことは全く否定されていない。それどころか，そういった技術，理論，分析を提示する者自身のありようと，技術，理論，分析との関連性が常に問われていき，直面する課題にどう向かっていくのかの解決を見出す不断の営為こそが，社会福祉教育の中核をなしていると言えよう。足立理論において強調されているのは，そういった不断の営為の取り組みの中に，教育を行う者がどのような形で立ち現れてくるのかという問題なのである。裏を返して言えば，福祉理論が技術問題として現象を外から眺めるようにして成立してしまいがちな社会福祉教育の鳥瞰的態度の問題に他ならない。このような問題提起の背景には，社会福祉における「理論」と「実践」とのつながりが，時には，足立の言葉を借りて言えば「水と油」の関係に近いものとして理解されている現状が見出されることとも無関係ではあるまい。こうした教育を行う者の問題と「理論と実践」の連関についての問題群への接近として足立は，「臨床」の重要性を『臨床社会福祉学の基礎研究』(1996)の中で追究し，この問題を強く認識してきている。この著作では，自身の体験的な考察を通して，理論内在的に社会福祉教育がどのように理論と実践の結びつきについて応えられるのかの軌跡が示されている。その考察において臨床という視点が置かれることによって，次のような展望を得ることができるであろう。それは，ケースワークや援助技術，対人援助の根底にある基盤についての「事実」認識という出発点である。「臨床」を視座とする足立の見解は，福祉教育についてのみならず，「理論」と「実践」とが結びついている教育全般についての羅針盤を示していると思われる。

さて，「臨床」という観点から理論と実践の接点を探っている米村美奈は，医療ソーシャルワークの実践に長らく努めてきた経験を基に，「内省の問い」というキーワードを通して，ソーシャルワーカー（ワーク），医療，クライエントの関係の把握に全力を傾注している[2]。ここで取り上げる「内省の問い」は，援助者自らが社会との関係，ならびにクライエントとの関係をどのように見て

いるのかを相手に提示し，それを投げかけ続ける試みを意味している。この内省につきまとう言葉の印象には，自らを自問自答するモノローグ的な様相が浮かび上がるが，それは米村が考える「内省の問い」の意味とは異なる。米村が言わんとするところは，自己の存在そのものがいかなる状態に置かれているのか，それに対してどのように感じ，考え，相手をどう見ているのかを相手に投げかけていく姿勢と態度のことである。したがって，米村の述べる「内省の問い」の意味内容は，内省をすることに止まってはいない。そこから相手とのコミュニケーションに向けてどう切り開き，その意味を問うことに，「内省の問い」の主軸が見出される。こういった姿勢，態度は，まさに実践者である米村の経験から求められた実践と理論を結びつける必要性から生じていたのだと理解される。理論を通して見なければ，否，理論を通して見るからこそ自己や他者とのかかわりの出発点を見出しうるし，それによって実践が可能になるといった米村の強い思いは，先の教育する者自身のあり方を問い直す足立理論の姿勢と深く共有されていると言ってよい。

　さらに，他者に開かれる存在としての自己のあり方の問いは，方法論的な問題の考察によって切り開かれていく。足立は，その福祉教育においては，方法論的なあり方として，「福祉における人間関係」から「人間関係における福祉」への理解の転換の必要性を重視している。足立は，「社会福祉の援助は，実はクライエントの〈全体としての自己〉との関係において初めて意味を持ち，生かされてくるという，福祉的かかわりの持つ人間学的構造を方法論的に思考することへの転換である」と述べる。福祉の教育において伝えられるべきことは，相手とかかわるという事態についての問いである。この考察がまず求められる。その人間関係についての考察から，すなわちその人の〈全体としての自己〉にかかわる関係とはいかなることかが浮かび上がってくる。この〈全体としての自己〉のどの点が問題となっているのかが，コミュニケーションの中軸に置かれることにより，福祉的事態の意味につながってくるのである。存在論的観点からすると，この方法論的な探求をするためには，「事実性」の考察が必要となる。この考察は，誤解を恐れずに言えば，「存在論を基盤にした方法論的立

場からすると事実とはどのように捉えられるのか」という考察に他ならない。そうしてみると，〈全体としての自己〉とかかわっている事実性とはどのような事態のことを指し示しているのであろうか。

その考察においては，足立も重要と指摘している早坂の事実性についての理解を見ていくことにしよう。事実性についての考察を行った現象学者クワント（Kwant, R. C.）の解釈を通して，個人と社会の関係の事実（性）を次のように述べている。「クワントは個人（実存）と社会（共同性）を二つに切り離すのでなく，両者を相互浸透の関係にあるものとしてとらえている。つまり人間は社会的には様々に規定されつつも，同時に，このことを個人個人がそれ特有な仕方で採り入れているのである」。事実性についての関係把握の出発点は，個人と社会との関係において，(1)個々人は社会があるからこそ個人でありうるのであり，また(2)社会は人々が個々の人であることを踏まえた社会として成立しているということである。この関係は社会と個人のどちらが優位でどちらが劣位であるという関係にはない。それぞれ個々人はそれぞれの仕方で，社会からの影響はありつつも，その影響の中からその人なりに社会の事柄を理解しているのである。したがって，早坂は社会や人間関係における個々人はとりもなおさず能動的かつ主体的な存在であることに着目している。その個々人は，その存在としての意味を社会から自ら能動的に獲得する存在として見られているのである。早坂は，クワントを引用して人間が社会規定的存在であることを「社会的事実性」，さらにその人なりの仕方で社会や人間関係における事柄の受けとめ方や意味づけがあることを「個人的事実性」と区分する。個々人と社会の関係について重要なことは，個々人がその社会生活において社会や人間関係を意味把握において必要としており，また同様に社会や人間関係も個々人の意味把握を活用しているという事態である。われわれが個別的存在であるのは，自然に個別的存在になりうるのではなく，そうした社会や人間関係の中でその人独自の仕方でもって社会とかかわっており，その独自の方法でもって個別的な存在になっていくのである。早坂によれば，「人間がPersonとして存在したというためには，当人が他者に対して他ならぬその人として，つまり不特定多数の中か

ら個別化された個人として認知される必要がある(7)」。そこで，その社会や人間関係を形作っているのは他者という存在である。そうしてみると，個別的存在であるためには，社会や人間関係の基盤となっている他者という存在が重要となる。このように，その人当人が，他の誰でもなくありうるためには，そのように認めてくれる他者からの容認が必要となる。そうはいっても，他者の容認ばかりを求めていては，それは自身を認めてもらいたいがために他者を利用することにつながり，ここで述べられている他者の存在に気づくという重要性を無意味にしてしまうであろう。他者にとってかけがえのない存在として自己がありうるためには，人間関係や社会へのかかわりの中へ自らその存在を投げかけていくことが必要になる。存在論の観点から，とくに個々人と社会の関係の事実性をみると，自らの存在を投げかけていく過程についての重要性が理解される。自己投企的なこうした理解から，自己と他者とが「かけがえのない存在」であるという相互認知を見出す可能性が生じる。社会的事実性から見出される人間の個別性と，このかけがえのなさにかかわる，自己と他者の「個別的事実性」の双方をもって，〈全体としての自己〉にかかわりうると言えるであろう。

2　社会福祉と個別性の問題

　前記の個別性という問題を，再び足立理論に立ち返って考えてみることにしたい。足立は，社会福祉をソーシャルワーク実践の問題としてみた場合，それぞれの個々人が福祉の実現にとって諸制度や諸政策をどのように意味あるものとしているかの認識が必要不可欠と見ている(8)。具体的に社会福祉の分野において，人々がいかにして個別的な存在として成り立つのか。これまでの考察から見てわかるとおり，足立からすれば，制度や政策によってのみ人々が判断されてしまうことがとりわけ危惧される。何らかの問題を抱えており，解決を求めている人にとって，制度や政策それ自体が，問題解決に大きく資することはある。制度や政策によって用意されたことが問題を抱えている生活状態を支えることはあれども，人の生きる意味への栄養源に直結するとは素朴に考えても言えないのではなかろうか。冒頭で取り上げた足立の技術偏重論への違和感は，

すなわちこの「生きる」という問題を抜きに社会福祉が語られてしまうことにあるだろう。この問題に対して足立は次のように述べている。「社会福祉が，社会制度に対して個々人が持つ関係の全体を問題にし，その関係の全体の様々な欠陥（社会的障害）をその個人の主体的側面においてとり除き，調整しうるためには，つまり，その社会福祉の固有の視点には，むしろあらかじめ，その関係の全体を主体的にになし，生きようとしている個人の，その〈全体としての自己〉への臨床的なかかわりないし視点が強く求められているといえよう」。[9]

　個々人の生きるという問題について，私たちは容易に何らかの事柄や物的資源が用意されれば解決していくのではないかという思いを抱いている。いうまでもなく，そうした事柄や物的資源がより豊かな生活にとって必要であることは疑問を呈すべくもない。不足していることを受給したり，供与されなければ，生活の変化を生じさせることは難しいであろう。しかしながら，足立理論で提示される個々人についての問題は，その際，誰がその不足していると感じられる過程を受けとめ，その役割を担うのかという問題であると言ってよい。つまり，前記で取り上げたように，制度や政策が決められ，そこに照らし合わせて何が不足しているのかという点だけを探索しても，実際に解決を求めている人にとっては，それは政策や制度において決められた社会資源的な供給という範囲内での問題である。この一側面と，個々の人々が「生きる」という問題をめぐる過程にかかわる側面とをどのように結びつけ，その関連が個々の人にとってどのような意味を持ってくるのかに携わる者にはどのような観点が求められるのであろうか。それが，相手の個別性を重視する方法論的視点に他ならない。社会福祉において個別性を見出し続けていくためには，すなわち相手に寄り添って向かい合う必要が生じる。その意味で，臨床的なかかわり方が，個別性を喚起させるコミュニケーションとして浮上してくる。こうしたかかわり方は，いわば今，そこで相手が社会との関連性をどのようにつなぎ止めて生きているのかを見て取り続ける必要性があるということなのだと言ってもよい。出発点としては制度や政策を手掛かりにしながらも，そこで見出される個人と社会とを密接な関係性を有した間柄であるとの認識に立ち，相手にとって意味ある「生

きる」という実感を得てもらうことが社会福祉における人間関係には必要な要素となっているのである。そのことを，足立理論から見出すことができるのである。

　そうした場合，相手とのかかわりを深めていく可能性を持つありようとはいかなることであるのかという方法論的な問題が再び浮上してくる。臨床社会福祉学を方法論的な研究基盤に持ち，なおかつソーシャルワーカーの経験をも有している佐藤は，このかかわりという点と個人との関連性について，他者との関係そのものを生きてみることの重要性を喚起している。その際，佐藤は関係性という言葉を福祉実践者から聞かれることが多くなったことに伴い，この関係性について，相手への自己の態度のありようを突き詰めて考察するうえで次のように述べている。「方法論的な検討として，人間を個体的な存在として捉えるのか，それとも関係的な存在として理解するのか，といった基本的な問題がここに示されていることになる。先に関係性ということに注意を喚起したのは，このすでに生きている他者との関係が実は〈関係性〉なのであり，単に〈関係〉ということとの基本的なちがい」(10)であると述べている。ここには，相手ということを理解していく他者理解の視座が十二分に示されている。すなわち，相手を理解するということは，ただ単に相手がどのような状態にあるのか，相手が求めていることは何であるのかということを知ることに止まらない。理解し続けていくからこそ，どのように相手を理解していくかを考え，迷い，戸惑ったりすることになる。もし，ある時点において相手を理解することをやめてしまい，違う他者との関係を築こうとするのであれば，それは自覚の点においても，実際の関係のありようについても，以前の相手との関係は途絶えたことになるだろう。しかしながら，もし以前の相手のことを，関係が途絶えてしまったことを気にしたり，もう一度関係の修復を試みようとするのであれば，それはすでに以前の相手との何らかのつながりが，潜在的にであれ顕在的にであれ，生じていたと言えるだろう。このように，相手との関係の下支えがあることによって，当の相手との関係に気づかされるようになることを佐藤は，次のように指摘している。「よくソーシャルワーカーの人たちから『対応の難しい

クライエントとどう関係を作ったらよいか』『クライエントとの関係が壊されないように気をつけている』といったことを聞くが, 関係は作ったり壊れたりしたとしても, そうしたことが可能となるのは, 実はその関係の底に常に関係性が続いているからなのである」[11]。さらに, 「ソーシャルワーカーは, 今の自分を使ってしか他者にかかわることができない。そこで, 自分の姿は自分では見えないという中で関係性という考えが意味を持ってくる。というのは, 今の自分というのは, 関係性を生きることによって, 常に生まれてくるからである」[12]。空間的に, 物理的に相手との距離が生じている場合, それは直面していないので相手との関係は生じていないように一見みられるが, そういう状況においても実際のところ誰もが, 相手を気遣ったり, またそれとは反対に憤りのような思いを抱いたりと, 相手との何らかのつながりを思い起こし, そこで自身の思いを生じさせている。言い換えると, 実際に相手と直面して接している状況やそうでない状況のいずれにおいても, そのつどそのつど, 相手との関係についての自身の思いを生じさせ, かつ変容させている。この自己変容にこちらが気づくことがないまま関係構築を目指そうとすれば, それは相手の変容だけを求めることになってしまいがちであろう。そんなわけで, 佐藤が注意を促しているのは, 次のことである。「関係性という視点を欠いた個別的人間理解アプローチにおいては, あらかじめ援助者が自分というものを持っていて, 同時に様々な援助の技法を持っていて, それらを使ってクライエントを援助していくことというだけに関心が向けられることになる」[13]。

言うまでもなく, 佐藤は以上のようなある種の気づきがなければならないといった「べき論」として述べているのではない。相手との間柄を下支えする関係性に気づいたり, あるいは気づかなかったりするその過程自体を, 相手を想起しながらまずは生きてみるという提唱をしているように思われる。その際に重要となるのが, 自身のありようへの気づきということになる。自分自身がそのつどそのつど相手とのかかわりにおいて変容しており, 固定的でないことへの気づきと言ってもよいであろう。ではどのようにしてその気づきは生じるのであろうか。佐藤によれば, 「援助者はすべて自分のことを明らかにするこ

とはできないが，この生きている関係性を発見していくことによって，他者にかかわる自分の姿に気づくことができるのである。それは同時に，自分自身の課題の発見の時でもある。ソーシャルワーカーに限らず，人は課題を見つけて，それを乗り越えていこうとする時に成長していく。しかし，課題をすべて乗り越えてしまった人は誰もいない。私たちができることは，常に乗り越えていくことだけである(14)」。

第2節　現代社会と他者性

1　他者に向けられた自己変容

　一人ひとりの個別性を重視しているかどうかの問題は，相手に対する自身の態度にかかわる事実性や個別性の認識あるいはそれに基づく姿勢のありようについての気づきといった人と人との間柄の問題であるのみならず，社会の価値や規範が個別性を重視しているかどうかの問題とも密接に関連している。佐藤によれば，人々の個別性が尊重されているかどうかは，当該社会における価値の問題，すなわち社会性の問題とも密接に絡み合っている(15)。佐藤は次のように指摘している。「具体的な人間関係において『個人が大切にされる』ということは，どういうことなのかが基本から検討される必要がある。それゆえに，価値の具体的な問題となるわけである。またその社会がどのような状態にあるのか，社会を生きる人間とのかかわりにおいて常に確かめられていく必要がある。人間関係においても，集団においても，組織においても，社会との関係において個人が尊重されることが必要である(16)」。

　では，他者の個別性を重視する社会は，いかにして可能であるのか。相手を自己の手段・目的化を望ましいことではないとする社会のあり方とは，どのような社会か。結果として，自己変容に気づかず他者にばかり変容を求めてしまいがちである管理的な社会が望ましいと短絡的に決めつけない社会とは，どのような社会であるのか。社会学者の今田高俊は，次のように述べている。「他者への生成変化は人間関係に他者性を真に導入するための橋頭堡である。成果

志向的な行為モデルから導かれる他者性は，いかにして相補性や互酬性を強調したとしても，最終的には相手を目的達成の手段とみなす限りでの他者性でしかなく，利己関心に従属している。他者への生成変化は他者という存在になること，自己の中に他者性を取り込むことである。そこには他者の視点から自己を省みるという深層の意味作用が前提にされている。この意味作用はケアの原点となるものである」[17]。ここで用いられている生成変化とは，今田によると，「外部からの影響を受けて変化するのではなく，内破の力によってみずから変態を遂げることである」[18]。我田引水的に解釈すれば，近代資本主義的に構成された成果主義，管理社会，制御の必要性から求められる他者の操縦といった価値をどのようにして打ち破り，それ以外の価値を現代社会の主軸に据えることができるのかという問題として見ることができよう。その際，社会のありようの重要な価値として目指されるのは，他者に向けられた視点を自己の視座に再び取り入れていくということである。ここで今田は，男性の権威主義的な規律と管理の家父長的なありようを例に，女性や，子どもになることの自己変容，あるいは承認をして，その存在を生きてみることを提案している。断るまでもなく，男性側だけからの，女性の一面的な捉え方・子どもに対する捉え方に基づく考えに移行したという場合には，それは男性が考える女性像，子ども像に改めて乗ったということに過ぎず，ここでいう自己変容ではない。この点について，今田も自覚的にそうした男性からの捉え方ではない女性についての女性像，子どもについての子ども像を獲得していくのかという問題を，ジェンダー・ステレオタイプを取り上げて指摘している[19]。今田の言葉を借りて言えば，「他者，とくにマイナーな存在へ開かれた視点の確保」こそが，ここで言う変容のきっかけとして重要になる[20]。

2 ケアという社会性

　成果主義，管理社会，制御といった中で生きている我々がどのようにして他者の視点を獲得していくのかという課題において浮上してくるのが，ケアの思想ないし考え方である。今田は，次の引用に端的に示されるとおりに，ケアの

思想ないしは考え方が自己変容の契機となりうるとみている。「ケアは人と人をつなぐ原点であり、本来、他者指向を前提にしていること、およびケアは実現ないし自己の存在確認の重要な契機であることだ」と。

　ここで少し、ケアということについて概観しておきたい。上野千鶴子の『ケアの社会学』(2011)が、およそ日本においてケアが取り上げられてきた経緯を含めてケアについて把握している。上野によれば、ケアは主に看護と福祉の二つの分野で取り上げられてきた。看護の分野においては、言ってみれば医師との関係においてそれとは異なる看護の自律性、独自性をどのように獲得していくかという問題である。看護の職務は、決して医師に丸ごと従属しているのではない。患者に対して、病気を持っている者の心理的配慮、ならびに病院内、とくに病室での社会的な気遣いなどを多く担っているのが、看護師であると言ってよい。こうした業務をめぐって、看護が医療の一環であることに加えて、看護それ自体の医療に対する独自性の認知がその専門性の認知へと結びつくことが目指された結果、ケアという概念が注目されるようになる。もう一方の福祉の分野では、もともと家族内にて行われていた介護が家族成員ではなく、社会的に担われうるものとして外部化されることを目的とした、「介護の社会化」といった言葉や「ケアの社会化」といった言葉によって、ケアは90年代より、とくに2000年に施行された介護保険制度との関連で用いられた。

　上野や今田においても取り上げられているケアについての論者としての代表格は、アメリカの哲学者メイヤロフ(Mayeroff, M.)である。上野と今田それぞれのメイヤロフへの評価は異なるが、ひとまずメイヤロフのケアについての定義を確認しておこう。メイヤロフはケアをその著書『ケアの本質』の冒頭においてこう述べている。「一人の人格をケアするとは、最も深い意味で、その人が成長すること、自己実現することをたすけることである」。さらに、メイヤロフはこう述べる。少し長いが前記の意味を把握するために、加えて参照しておきたい。「ケアすることは、自分の種々の欲求を満たすために、他人を単に利用するのとは正反対のことである。私が言おうとするケアの意味をもう一人の人格について幸福を祈ったり、好意を持ったり、慰めたり、支持したり、単

に興味をもったりすることと混同してはならない。さらにケアするとは，それだけで切り離された感情でもなく，つかの間の関係でもなく，単にある人をケアしたいという事実でもないのである。相手が成長し，自己実現することをたすけることとしてのケアは，一つの過程であり，展開を内にはらみつつ関与するあり方であり，それはちょうど，相互信頼と，深まり質的に変わっていく関係を通して，時とともに友情が成熟していくのと同様に成長するものなのである」。[25]

このように，ケアは，相互的であり，きわめて他者指向的なはたらきかけである。これと同様に，今田は援助が他者指向的であるとしている[26]。しかも，援助には，ケアといった自己のありようの意味変化と，相手への直接的なはたらきかけが前提になっていると今田は述べる。今田がこの援助に着目するのは，相手に向けられたエンパワーメントすることが，自らも結果エンパワーメントされることがある事態が見出せるからである。エンパワーメントは，辞書的な解釈を言えば，力をつけることである。その力には，文化的・社会的・物理的な力を獲得することも含まれるが，心理的な力を獲得することが意味されている。今田によれば，援助は次のように定義される。「援助とは，意図を持った他者の行為に対する働きかけであり，その意図を理解しつつ，ケアの精神を持って行為プロセスに介在し，その行為の質の維持・改善を目指す一連のアクションであると同時に，他者のエンパワーメントをはかることを通じて，みずからもエンパワーメントされ自己実現することである」[27]。他者に導かれ他者の自己実現を目指していながら，その過程では場合によってはこちらの自己実現が生じることがある。今田は，ボランティア，市民活動といった公共的活動におけるこの一連の諸行為が継続されている中で，援助者自身が何らかの管理よりも不確実な状況で心理的な，あるいは人格的な不安や葛藤に気づいていき，人格的な強さや自己実現が可能になりうることに着目している。こういった相互的なかかわり合いにおいて，援助は「他者を自分の目的達成の手段とみなすのではなく，相手をエンパワーメントすることでみずからもエンパワーされるというのが援助の基本」[28]としているのである。このようにケアは援助者と援助さ

れる者の相互的なものだが，真にケアされる者がエンパワーメントされるにはどのような援助者のかかわり方が必要だろうか。

第3節　経験と個別性の発見

1　保育者養成機関における学生とのかかわり

　筆者は，保育者養成機関にて主に実習を担当し10年近くが経過した。保育所の実習，幼稚園の実習，児童養護施設や知的障害者の施設といった保育所以外の社会福祉施設の実習と，学生はその学習過程において実習から学びを得ている。初めて保育所を除く社会福祉の現場に行く者もいれば，過去に現場経験を経ていて，さらに資格の取得を目指して改めて現場に赴く者もいる。それまでの現場経験の差はあれども，学生という立場で実習を行う点においては経験の差はほとんど見られないように思われる。つまり，援助者になるという意識を持って実習を行い，それについての学習を求められる中で，どの学生も相手とどのようにかかわるかという課題を背負って実習に臨んでいる。その課題についての関心や意識は，すでに実習開始前からうかがわれる。初めての実習であり，現場の様子が見通しえないことからくる不安，実習先での人間関係にどのように馴染んでいけばよいのかという不安，対象者とどのようにかかわっていけばよいのかという不安といったさまざまな不安を抱えている。筆者の知りうる限りであるが，不安を抱かずに実習を始める学生は，少ないように思われる。

　実習が開始され，実際の現場に赴いた後も，学習過程における悩みは途切れることなく，自身の課題に直面することを求められる状況で，幾多の思いを抱いている。そのような状況下において，実習開始前であっても，実習中においても，また実習を終えた後も，自身の所属する養成校の教員を手がかりにして，今後の進むべき方向性を探っている。その意味で養成校の教員のありようは，学生の学びの方向づけを左右するといってよい。養成校の教員に対して，質問される内容も実際の実習それ自体についてのみならず，家族のことや，友人関

係のこと，将来の就職のことなどがみられ，実習それ自体をなんとか乗り切ってみるためにどのようにすればよいのかという利己的な考えを抱いている学生はほとんどいないように思われる。

こうした中で実習教育に多少なりとも携わっている筆者が，ここで教育という場において何をしてきているのかという振り返りを行ってみる意味もあるだろう。ここでは主に筆者が担当した学生とのかかわりから学生への気づき，ならびに自分自身のありようについて，体験記録的な記述を通して，考えてみることにしたい。

2　実習をためらうAさんとのかかわり

Aさんは，実習先としてそれまで全くかかわったことがなかった知的障害者の施設での実習を行うことになっていた。しばしば見られることであるが，知的障害者について全く想像ができないと言明することが他の学生に比べても多かった。なぜ自分は知的障害者の施設に行かなくてはいけないのか，知的障害者の施設である必然性はどこにあるのかといったことをしばしば実習前に筆者にぶつけてきた。当人は，「知的障害ということについて偏見はとくに持っていないが怖い」と言っていた。実際に知的障害ということがどのようなことであるのかは，学校での学習のみで知りうるところであり，知的障害の方と接したこともなければ，実際に施設に行ったこともないので，とりわけ偏見の感情が生じることもないと述べていた。

そうした学生の割り振りを行い実習先を決めていたのは他ならない筆者であったから，学生は知的障害者施設への実習先の決定の理由をどうしても知りたがっていた。資格取得というゴールに向けて，どのような形であれ実習は行わなければならないのであるが，決定先の理由をそのつど各人に面談して伝えることはなく，一斉発表という形態で学生に知らせることが通例であった。正直なところ，筆者はなぜそれまでにしてAさんは実習先の決定理由について知りたがっているのかを推察することもできなかった。さらに言えば，なるべく接しないようにしようという思いすら生じていたことは隠せない。こちらもその

時は，とにかく決定の変更は余程の事情がない限り難しく，またそのような要求に対して変更を認めてしまうと，もし同様の思いを抱いてはいるが敢えて言わずにいる学生もいる場合に，不公平になると伝える程度のことしかできなかった。

　クラス内においてもその苛立ちは目立ったようで，他の学生が心配している話を聞いた。そのことをきっかけとしてＡさんと話をしてみようと思った。面談をしている最中も，話は平行線を辿るだけであった。Ａさんは実習先決定の理由を知りたい，自分が知的障害の施設での実習を行う必然性はどこにあるのか，といった内容であった。筆者もその様子に対して，依然と変わらずこれまでの手続き上の経緯と決定理由の手順を伝えるに止まった。Ａさんは，こちらの対応にひとまず踏ん切りをつけて，実習に向かうことになった。

　実習を開始してから３日ほど経過した時，Ａさんから連絡があった。知的障害についての質問であった。障害者とはどのような方のことを言うのか，知的障害の方に対する応対はどのようなことが望ましいのか，といった障害への関心に向けられた質問内容であった。連絡を受けた時点では，筆者は実習を止めたいという連絡かと考えたが，ところがそうではなかった。それはこちらの認識不足に他ならなかった。話をよく聞いてみると，自身が実習を行う意味を自分の現在のありようも含めて，こちらに問いかけていたのである。その問いかけの意味を筆者は解せずにいた。相手の態度のこちらに向けられたある種の荒々しさに，そして実習における不安の感情をどのように拭い去るのかという点に焦点を合わせてＡさんにどう対応すればよいのかという思いに駆られていた。ところが，そうした筆者の応じ方についてはとりわけ意に介しておらず，実習の意味を今後の自身の方向性を決めるうえで何とか生かしていきたいという意識がＡさんの意図するところであったことを理解できた。それを契機に障害ということについて，互いに考えるようになった。以下は，実習報告書としてＡさんが記述した内容である。

実習を経験する前は障害者施設についてなんの知識もなく，ただ怖いという思いしかなかった。そもそも施設の希望調査の際，他の施設の通い実習を希望したはずだった。しかし意に反して，決まったのは宿泊で障害者施設であった。不安だったため，先生になぜ希望と違うのか，変えてほしいと話にいくと，あなたはこの施設に泊まりで行ったほうがいいと言われた。この時は，きっと厳しい施設へ行かせようとしていると思ったことを記憶している。前記の理由から，私はいやいやオリエンテーションへ向かった。(中略) 歩いている時，ふと施設の方の手の傷が目に入った。それを見てさらに怖い気持ちが強くなったのを覚えている。そしていよいよクライエントさんのいる部屋へ。施錠されている扉の向こうにクライエントさんが見えた。扉の外まで聞こえる大きな声に恐る恐る中へ入ると，一人の女性（以下，Hさんとする）が握手を求めてきた。学校で先生が握手などを拒んではいけないと言っていたのを思い出し，なんだかきたないものに触れるような気持ちで握手してしまった自分を今はみじめに思う。そして，その女性が自己紹介をしてきた後，「お名前は」と聞いてきたので名前を言うと，なぜか私のことを気に入ってくれたようで，私の名前を呼んでは好きだよなどと言い続けていた。他にもいつ来るのかなど聞いてきた。私の実習はまだ一か月も先だったので，次に会った時にはもう忘れているだろうと思った。(中略) 実習がはじまった。挨拶などをして部屋へ入ると，Hさんが駆け寄ってきた。「待ってたよ」と私の名前を呼んだのを聞いて驚いた。忘れているだろうと思っていたのに覚えてくれたことに嬉しくなった。(中略) 私は，この施設実習を通して「障害者」という人たちを知ることができた。彼らは私たちとなんら変わりない人間だ。実習前とは見る目が変わった。初めに持っていた怖さなど，クライエントさん一人ひとりを知った今，全くない。私をこのような気持ちにさせてくれたクライエントさん，職員さん，学校の先生に感謝の気持ちでいっぱいである。

改めて，足立理論に立ち戻って，教育に関連させて応用し，この学生とのかかわりを考えてみることにしたい。足立の問題意識を経由させてみると，筆者は，技術的なことを説明することを自ら求め，学生に対して学生が何を希求し，どのように考えているのかを見誤っていたといえる。さらに言えば，学生への理解が実習前の段階で誤っており，そのため資格取得のための実習に送り出すという思いを果たすためだけになっていたと言ってもよいであろう。ところが，この学生の経過を見てわかるとおり，学生自身にとっての実習に対する思いは，実習に行くことで大いに変化していった。クライエントとのかかわりを通して得られたことを，今度はクライエントをより理解していきたいとの思いから障害についての学習を深めたいという願望として筆者に向けて，伝えられた。振り返ってみると，技術偏重論を学生に示していたのは，当の筆者自身であった。この自明化されていない，学生に向けられた態度は，その後の学生とのかかわりで学生から気づかされることになる。学生個人がそこにいることをなおざりにしている自らの状態に気づかずにいたが，むしろ学生自身の方がクライエントや筆者に寄り添おうとしていたことは明らかであった。学生にとってかかわりを必要とするクライエントに向けられた個別性についての思い，ならびに実習についての相談から何らかの指摘を示すであろうと期待される者としての教員に対する個別性の認識は，この学生自身とのかかわりの中から気づかされたことである。学生は，何らかの形でそのつど，クライエントとの関係や実習の担当教員との関係を下支えする関係性にすでに気づいていたのであろう。だからこそ，実習を終えた以降も，直面する相手としては眼前から不在となったクライエントとの関係性は継続しているのであり，また実習を終えたからこそ，さらに実習報告書という形で筆者とのかかわりを通して表明したいという思いに駆られたのだと思われる。学生自身のあり方は，その当初からきわめて他者指向的な態度であった。こうした中で教員はどのような役割を担っているのであろうか。少なくとも言えることは，技術偏重的な見方を通して，それを学生に説明してしまうと，いわばその場をやり過ごす手段として無自覚のままかかわろうとしてしまうことである。それだけに，学生の存在から気づかされた障

害者への個別性の認識，あるいは教員を個別的存在としてみなしているということの教員自身の気づきは，その学生とのかかわりの過程の中からふと浮上してきたのだといえる。そうした学生自身の自己のありようの投げかけは，実習の開始前からも，そして実習が終わってからも変わることがなかった。

第4節　教育における「人間開発」

　淑徳大学学祖の長谷川良信が述べた「人間開発」を目指す教育思想が，社会事業家・研究者としての長谷川によって社会福祉と教育のあり方を結びつける方向性として構想され，現に淑徳大学を通して実践化されていることは特筆すべきことであろう。最終節では，福祉専門職養成大学の教育思想としての「人間開発」がどのように現実化されうるのかを改めて臨床社会福祉学的視座から考えてみることにしたい。

　長谷川匡俊によれば，戦後の学祖は，ことあるごとに「宗教・教育・社会事業の三位一体による人間開発・社会開発」を訴えていたという[29]。その学祖の生き方について，長谷川は，僧道，創造性(力)，総合性(力)の三つで特徴づけができると述べたうえで，その第三の総合性(力)について次のように述べている。「総合性(力)は，先の三位一体論がよく物語っています。よりよい人間や社会を創造していくためには，一つ一つの事業や活動が孤立せず，しかも単なる寄せ集めではない。相互に内在的関係を保ちつつ，それぞれの固有の機能が連携し力を発揮していかねばならないとするものです。様々な方面でボーダレス化が進むいまこそ，改めてこのような長谷川イズムの意味が問われるべきではないでしょうか」[30]。このように，福祉思想を担う宗教，実際の福祉専門職を養成する実学を目指す教育，そして現場としての社会事業，これら三つが重なり合っていると理解して初めて，学祖の実学教育を目指していたメッセージを，私たちは少しばかりではあるが，実践教育の土台とすることができるように思われる。

　ところで，人間開発という言葉はもしかすると目的手段的な意味として捉え

られるかもしれないが，長谷川の意味する「人間開発」はそのように解されるべきではない。開発という言葉に相手をこちらの意図通りに変える意味を見出すのであれば，それは「人間開発」の意味を捉え損ねてしまうであろう。これまで考察してきた足立理論を通して「人間開発」という言葉を理解するのであれば，人間開発の意味内容は，その福祉教育における教員と学生とのかかわりにおけるある種の「個別性の重視」であり，「存在論的事実の発見」にその内実性を有している。

そのことから，関係する者の臨床的態度とその実践について考察を続けることが，社会福祉教育を具体化する実践形態として学祖長谷川のメッセージの輪郭を浮かび上がらせるように思われる。臨床という視座に基づく社会福祉教育の実践が，教育する者の自己変容をも生じさせる可能性を有していることは，これまで見てきた通りである。社会福祉教育のありようは，いったん「個別的事実性」の理解を基底に据えるのであれば，前節で見た通り，その教育する者のありようについての態度への問いを投げかけてくる。したがって，「人間開発」は，学生の可能性を見出すのみならず，学生を通して教員の側の可能性をも見出しうるという意味で，きわめて社会福祉教育にかかわる者双方が態度の問いをめぐってコミュニケーションを続ける営みに他ならないといえよう。そうした臨床的態度を基にした絶えざる問いが継続的に行われており，その中でその問いの実践が行われていることが教育的に価値あることとして社会福祉教育において選好されるのであれば，それはある種の教育の醸成につながるだろう。

学祖はこうした連動性を理解していたからこそ社会の思想としての宗教の重要性をことの他，強調していたのではないだろうか。この宗教についての考察は筆者にはあまりにも手に余ることであるので考察を差し控えるが，少なくともケアといった思想や考え方との親和性を見出すことができるであろう。というのも，ケアの思想や考え方に基づく行為は他者指向的な実践につながり，さらにはケアに基づく援助はそうした他者指向を通して援助される者と援助する者との相互的なエンパワーメントを期待できるからである。さらには，こうした期待が社会福祉教育にかかわる者同士によって目指す方向性として共有され

るのであれば，教員と教員の連携を多少なりとも可能にはするであろう。社会福祉教育においては，技術や知識偏重的な伝達をもってしてだけでは，当の学生が必要としている学習態度に応えられない。だからといって，技術や知識偏重的な教育のあり方が一部の職人的な技量を持った者によってのみ教育が達成されるとする印象を抱くには及ばないと言いたい。少なくとも，存在論的事実の発見に向けられた臨床的な視座を教育実践的な態度として獲得することによって，また方法論として共有された複数の教育する者たちによって，学生から「個別的事実性」を絶えず教えられることになるであろう。その意味で，社会福祉教育にかかわる教育する者と学生との関係は，互いにおいて「生かされる」ことになるという点ですぐれて「人間開発」に他ならないと言えるであろう。

注

(1) 足立叡『臨床社会福祉学の基礎研究』学文社，1996 年，p.ii
(2) 米村美奈『臨床ソーシャルワークの援助方法論―人間学的視点からのアプローチ―』みらい，2006 年，pp.6-8
(3) 足立，前掲書，p.36
(4) 足立，前掲書，p.36
(5) 早坂泰次郎「事実性としての他者―自己」早坂泰次郎編『〈関係性〉の人間学―良心的エゴイズムの心理―』川島書店，1994 年，p.106
(6) 同上書，p.107
(7) 同上書，pp.107-108
(8) 足立，前掲書，p.25
(9) 足立，前掲書，p.35
(10) 佐藤俊一『対人援助の臨床福祉学―「臨床への学」から「臨床からの学」へ―』中央法規，2004 年，p.15
(11) 同上書，p.16
(12) 同上書，p.16
(13) 同上書，p.16
(14) 同上書，p.16
(15) 同上書，p.14
(16) 同上書，p.14
(17) 今田高俊『意味の文明学序説―その先の近代―』東京大学出版会，2001 年，

　　　　p.254
(18) 同上書，p.255
(19) 同上書，p.257
(20) 同上書，pp.257-258
(21) 同上書，p.258
(22) 同上書，p.260
(23) 上野千鶴子『ケアの社会学』太田出版，2011年，p.37
(24) メイヤロフ，M.（田村真・向野宣之訳）『ケアの本質』ゆみる出版，1987年，
　　　　p.13
(25) 同上書，pp.13-14
(26) 今田，前掲書，p.288
(27) 今田，前掲書，p.288
(28) 今田，前掲書，p.288
(29) 長谷川匡俊『長谷川良信語録』大乗淑徳学園附置長谷川仏教文化研究所，
　　　　1998年，p.3
(30) 同上書，pp.3-4

参考文献

足立叡『臨床社会福祉学の基礎研究　第2版』学文社，2003年
今田高俊『意味の文明学序説─その先の近代へ─』東京大学出版会，2001年
上野千鶴子『ケアの社会学』太田出版，2011年
佐藤俊一『対人援助の臨床福祉学─「臨床への学」から「臨床からの学」へ─』
　　中央法規，2004年
長谷川匡俊『長谷川良信語録』大乗淑徳学園附置長谷川仏教文化研究所，1998年
早坂泰次郎編『〈関係性〉の人間学─良心的エゴイズムの心理─』川島書店，1994年
メイヤロフ，M.（田村真・向野宣之訳）『ケアの本質』ゆみる出版，1987年
米村美奈『臨床ソーシャルワークの援助方法論─人間学的視点からのアプローチ─』
　　みらい，2006年

第5章 臨床的態度に基づく研究

　本章は第1部の締めくくりの章として第2部へのつなぎ目の役割を担っている。本章がつなぎ目であるのは、人間関係学の基本的視点と実践（方法論と方法）の相互関係がそもそもつながっていることを確認するためである。第1部と第2部を「基礎と専門」という点で分けるとすれば、基礎の確認が常に専門の出発点になることを示すのが本章の役割であるし、あるいは第1部と第2部を「理論と実践」という点で分けるとすれば、理論をどこまでも実践的にかつ実践をどこまでも理論的に行う研究の方法論を示すのが本章の役割である。人間関係学において研究と実践は別々の事柄として営まれるものではなく、研究においても実践においても常に対象となる相手との関係をどのように生きるかという自らの人にかかわる基本的態度が問われ、それへの応答として実践が営まれる。

第1節　真の対象理解を目指して―研究の目的―

1　「現実」の学

　人間関係学の提唱者である早坂は、人間関係学とは何かを、「人はどんな状態になっても人との関係を生きる力を有している。その力を諦めずに一つ一つ発見していくこと。それが人間関係学である」と常に表現していた。この表現にはっきりと表されているように人間関係学は具体的な人とのかかわりから始まる。あらゆる人々が本来有している人との関係を生きる力を諦めずに発見していくことが人間関係学の営みであって、人間関係に関する一般化され抽象化された知見の獲得が第一目的なのではない。あくまでもそのつど対象となる人

第5章 臨床的態度に基づく研究

間関係の特殊的で具体的な事例に即した人間理解から出発することが人間関係学の要である。もちろん，学問である以上，一般化され応用可能な知見や知識が得られることは望ましいことであるが，それは真に対象を理解していこうとするプロセスの結果として得られるものであるため，まず何よりも学問的課題となるのは対象をいかに理解できるかである。

　人が人を理解するとはどのようなことか，またどのように可能となるのだろうか。とくに様々な課題を抱える人を援助することを目的とする，いわゆる対人援助職に携わる者（医師，看護師，社会福祉士，教師など）にとって，いかに目の前の人を理解していくかはきわめて実践的な課題である。前記の早坂による人間関係学の出発点を理解するにあたって重要な示唆を与えてくれるのは，精神医学者の木村敏である。さまざまな精神病を患者と周囲の人あるいは自分自身との「あいだ」で起きる病いとして捉えようとする木村は，目の前にいる患者を理解するにあたっての治療者である自らの態度について次のように述べている。

　　精神医学の場合，患者を向こう側に置いてその症状や行動をこちら側から観察し，その妄想や幻聴や思考障害をこちら側から分析したり説明したり了解したりするのでは，恐らく精神病の本質的な問題は何ひとつ捉えられないことになるだろう。（中略）患者は生きているから，生きなければならないから，病気になるのである。病気とは，生きていることのこの上なくすぐれた一つの表現形態なのだ。患者は自分の人生を生き，自分の生活を生き，自分の生命を生きている。（中略）彼が他人との関係で苦しみ，自分自身との関係で悩み，周囲の世界との関係で途方に暮れるのも，彼なりに無理を承知で懸命に生きようとしている生きかたなのだ。このような患者の生きかたに密着して，その病気の生命的な意味を，生きかたの一形態としての病気の意味を捉えようとするならば，観察者の側でも自らの行為（中略）によって，その行為自身に内在する感覚（中略）でもって，患者との関係そのものを自らのこととして生きなくてはならない。[1]

木村は，患者を理解しうるには相手を第三者的に治療の対象として観察しても本質的な問題は何もわからないことを指摘し，医師は第三者的な観察者として患者を理解する者では不十分ないし不適格であり，「患者との関係そのものを自らのこととして生きなくてはならない」者と規定する。診察は，医師による一方向的な観察・診断では始まりも終わりもせず，医師と患者が相互に行為的にかかわり合う両者の「あいだ」に作り出される「現実」を理解する営みということであろう。ここで，「現実」には次の二つの意味があることに注意しなければならない。木村は，「現実」を意味するrealityとactualityを対比して，一方のrealityが「もの，事物」を意味するラテン語のresを語源に持ち，「リアリティが現実を構成する事物の存在に関して，これを認識し確認する立場から言われる」のに対して，他方のactualityは「行為，行動」を意味するactioというラテン語に由来し，「アクチュアリティは現実に向かってはたらきかける行為のはたらきそのものに関して言われる」[2]ことを指摘している。本章の文脈で言えば，人が人を理解するということはactualityとしての「現実」から出発することを指摘していると言えよう。先の引用文の「行為自身に内在する感覚でもって」ということも，医師と患者が話しかけ合い，聴き合い，見合う両者の「あいだ」に生み出されるactualityとしての「現実」を通して患者を理解していくありようが意味されている。
　こうした木村の視点を人にかかわる学問の方法論的態度にかかわる指摘として理解し，「……『現実』を意味するactualityは，対象との生きた関係において存在する現実を意味しており，その現実をともに生きる学の必要性」[3]として受けとめる足立は，こうした木村の視点と早坂が提唱する人間関係学の基本的視点との共通性を見出している。このように対象にコミットし，その「現実」から相手を理解していくことが真に対象を理解する態度であると言えるだろう。

2　対象理解から生まれる援助方法

　第2部で見ていくように，臨床社会福祉学の研究はクライエントへの援助を

目的としている。人間関係学はその基礎に位置するため第1部の各章では人間関係学の基本的視点を明らかにしてきた。そこで確認してきたように基礎と専門性は別々のものとして分けられるものではない。基礎はいつでも専門の出発点となっているため，相手にいかにかかわり相手をいかに理解しているかという基礎がどれだけできているかが常に問われ続ける。

　このことは，とくに援助を目的とする場面で重要となる。というのは，どのような援助が行われるかは，援助者の側での対象理解に基づいて選択されるからである。つまり，援助者がクライエントとのかかわりの只中で自らがクライエントをどのように受けとめ，どのように理解しているかに基づいて，そのつどの援助方法は選択される。それゆえ，援助者には自らの対象理解がどれだけ適切なのか，対象理解の客観性が常に問われ続ける。つまり対象理解がどれだけ「実証的」であるかが求められる。

　ただし，本章で述べる「実証(的)」の意味は認識主体(研究者)から独立自存した対象を自然科学の方法を至上として客観的に分析しようとする，いわゆる実証主義で用いられる意味とは異なる。そうではなく，前記の足立の指摘のように「対象とともに生きる学」が，その方法論として要請されるactualityとしての「現実」に真に即すという意味での「実証(的)」である。人にかかわる学問にとって「実証的」に人を理解するということは，援助者である自らが相手とともに居る「現実」に即していかに相手を理解しようとするかという援助者の態度にかかっている。つまり，「実証的である」ためには，第2章で確認した臨床的態度で人にかかわることが求められるということである。「臨床(的)」が場所としての意味だけではなく，クライエントにかかわる態度としての意味を持つのと同様に，本章で取り上げる「実証(的)」も，対象となる人にかかわる援助者・研究者の「態度としての実証(的)」の意味が含まれている。

　対人援助においては，援助者とクライエントの関係を切り離しての観察に基づく対象理解を通してでは，対象にとって適切な援助方法を選択することはできない。クライエントと援助者双方がどのような態度で互いにかかわっているかを援助者は絶えず感じとりながら，援助の方法を探っている。少なくとも，

援助者の側では自身がクライエントをどのように理解しているかを絶えず点検することが求められており，援助者自身のクライエントにかかわる態度が常に問われる。したがって，もし対人援助にかかわる学問研究が「実証的」な態度で取り組まれているのでなければ，その研究で得られた知見は結局のところクライエントへの援助には役立たないであろう。

　ところが，一般的には学問研究にとって「人を援助すること」と「実証的であること」は，相反するとは言わないまでも，ベクトルが違うものとして理解されている現実がある。たとえば，人を援助することはクライエントが抱える課題を解決・緩和することが目的なのであって学問研究の「実証」のためではないとか，あるいは反対に「実証的」研究には客観的で価値中立的な認識が必要であって人を援助するという一定の価値を前提とする行為とは相容れないという主張である。どちらの立場も，「人を援助すること」という行為（実践）にかかわる側面と「実証的であること」という認識にかかわる側面という研究の二側面を異なるものとして捉えているが，両者が同じ方法論に基づいていれば本来は対立するものではない。つまり，人をどのように援助するかはその援助者の認識にかかっている。「かかっている」というよりも，足立が述べるように，対象理解と援助方法は別ではない。「なぜなら，人がある対象に対してどのような方法でかかわるかの中にすでに，意識するとしないとにかかわらず，その人がその当の対象をどのような態度において理解しているか，または理解しようとしているかが，自ずと含まれざるをえないからである。したがって，その意味では『対象論』は同時に『方法論』でもあるといえよう」[4]。また，「受けとめるという一見すると受け身の態度において，実は，相手に『働きかける』ということをすでに行っている」[5]と佐藤が示すとおり，クライエントをどう理解し受けとめているかそれ自体がクライエントへの援助として表れるのである。

　したがって，援助者・研究者の認識が「実証的」であるか，とくに認識の「客観性」が絶えず問われる。先に指摘した二つの立場はいずれも「実証的であること」は「客観的であること」であり，「客観的であること」は「反主観的であること」を前提にしているといってよいだろう。ここで改めて「客観的」

とは何かが問われることになる。果たして「客観的」であることは,「反主観」ないしは「没主観」という意味でしかないのであろうか。実は,早坂が述べるように[6],人にかかわる研究にとって重要なのは研究者自身の主観的な認識を出発点としてそれを鍛え上げ「公共化」していこうとするプロセスであり,そのことが援助者・研究者,そして何よりクライエントにとって重要になる。次節では,改めて学問研究にとっての「客観性」ないし「主観と客観」の関係について考えてみたい。次に,哲学からの独立のために「科学的」であろうとして「客観性」の問題に腐心し続けている,心理学に対する早坂の議論を追ってみたい。

第2節　鍛え抜かれた主観に基づく客観性

1　主観と客観

研究にとって必要条件となるのは言うまでもなく客観性であろう。早坂は,人にかかわる研究にとっての「客観(的)」について「主観(的)」とのちがいと関連を通して述べている。以下,早坂の論を追ってみよう。

早坂は,心理学における「主観的」という語に対する脅迫的な拒否のうちに「客観性」をめぐる混乱を指摘する[7]。心理学は当初から客観的な科学たろうとして発展してきた中で,「主観的」の語を「個人的」かつ「私的」認識にすぎないとみなしてきた。たしかに,主観的認識が個人的かつ私的認識にとどまることは多い。「独断と偏見」と言われるようないかにも個人的(＝非一般的)で,私的(＝非公共的)な認識を早坂は「主観主義」と呼び,主観的認識と区別している。「主観主義は誤った主観的認識であって,主観的意識一般と混同されてはならない[8]」。

次に,だからといって主観的認識がいつでも個人的,私的にとどまり,一般的,公共的性格を欠いているわけではない。たとえば,ある人が「錯視」図形をみた時,それは私的で,主観的なものにすぎないものであるが,すべての人に同様に起こる一般的な現象でもある。つまり,主観的で私的な感性経験であ

っても，それがただちに個人的，非一般的なものとはいえない。「錯視」にみられるような私的な主観でありながら同時にすべての人に共通の一般性も備えているという意味で「客観的」と呼ばれることを，早坂は「集合主観的」と呼んでいる。多くの人々に共通しているから「客観（的）」と言われる場合は，この「集合主観的」の意味で「客観的」と呼ばれていると言えるだろう。

2　「共同主観」

以上確認してきたように，心理学においては客観と主観はそれぞれ別々のものと捉えられているが，その捉え方自体に混乱がみられた。それに対して，早坂は次のような事実を引き合いに出して，人間にかかわる研究・学問にとってより正確な認識があることを指摘する。たとえば，レントゲン読影の訓練を重ねてきたベテラン医師に見える影が，患者や新米医師には「見えない」ことはよくある。こうした場合，「集合主観的」を「客観的」とみなす見方からすれば，正確な認識をしているのはより多数を占める患者や新米医師ということになる。しかしながら，通常われわれは少数のベテラン医師たちの特殊的で，非一般的な認識に信頼をおく。なぜなら，そうしたベテラン医師の認識が，「単なる自然的態度（フッサール）の私的主観ではなく，きびしい訓練によって鍛え抜かれ，その意味で公共化された主観だから」である。

早坂は，こうした訓練によって鍛えられた認識を，「高度の『共通感覚』（commonsense）としての公共的主観あるいは共同主観」と呼び，「こうした共同主観こそ，真に『相互主観的』と呼ばれるにふさわしい」と述べる。こうした共同主観も，そのつど個人によって成されるものである限り個人的性格を持つことはたしかだが，同時に師や先輩との研鑽や訓練によって公共的なものになっていくものである。

より正確な認識とは何かを明らかにするために，「主観と客観」あるいは「客観（的，性）」という語について詳細に確認してきた。早坂が述べるように，「共同主観」にとって重要なのはどのように「誰」と学ぶかである。「この訓練は，いうまでもなく，訓練する人とされる人のきびしく，長く，しかも充実した相

互のコミットメントを伴うであろう[13]」。したがって，訓練された「その人の主観は同時に，それをきたえ，育てた人々にも共通する主観である。同じ対象を同時に観察していたにせよ，それぞれが別々に観察した結果が偶然一致したというのとはちがって，そこには真のかかわりが，真の相互交流が，生成がある[14]」。早坂が述べるように，相互交流の中で個人的な認識に止まりがちなわれわれの主観を「公共的に」鍛えるということが，アクチュアルな対象理解のために必要だということである。「客観的認識は主観的なものを大事にし，育てることによって形成されていくのであり，主観的なものを排除し，否定し，いためつけることによってではないのだ[15]」。

ところで，研究が対象への関心から始まることは当然であるものの，研究者の関心が対象の「分析」に止まってよいのかという議論がある。分析（Analysis）のそもそもの意味が「解剖」（anatomy）に由来するように[16]，分析は主体である研究者の関心に沿って対象が一方向的に分割・分解される。しかし，とくに人間や社会を対象にする学問にとって，研究者の関心が主で研究対象が従属するかのような研究のあり方は，研究や調査の認識の客観性について議論の余地があるだけでなく，対象にコミットせずに得られたそうした知見にどれだけの研究的意味，ひいては何よりもクライエントにとっての意味があるのかが問われる。したがって，対人援助を目的とする学問研究にとっての対象へのアプローチは，研究者自身も含まれる自明となっている，人間関係そのものを問い直す方法が求められる（第1章参照）。

前記のように「実証（的）」とは，研究者と対象がかかわり合う中で生成される「現実」を通して対象に真に即すということであろう。したがって，本章で述べる「実証（的）」は，「反」実証主義ではなく，むしろ「実証的」な態度を方法として徹底させるあり方を意味している。次節では，筆者の拙い経験ながら実証的な研究の試みを紹介したい。

第3節　実証的研究の試み
―防災対策に関するアンケート調査を通して―

1　量的研究における実証的態度

本節では，アンケート調査などのいわゆる量的研究を例として実証的な研究を探りたい。研究はしばしばそれが主に取り扱うデータの種類をめぐって量的か質的か二つの研究方法に分類される。アンケート調査などの方法で収集された数値化・一般化されたデータを扱う研究は量的研究方法に分類されるのに対して，参与観察やインタビューを通して収集された文書・音声・映像にまとめられたデータを扱う研究は質的研究方法に分類される。この分類に従うと，人間関係学の研究はこれまで主に質的研究によって行われてきた。[17] 本書の他の章の多くも質的研究に分類される。しかし，そうだからといって人間関係学の視点がいわゆる量的研究と無関係というわけではない。量的研究も質的研究も研究方法は異なるものの，その研究の対象となる人間とのかかわりという点で方法論が変わってしまうわけではない。

量的研究のすべてが臨床的態度に基づかなければならないと主張するわけではないが，筆者としてはそのような量的研究が必要であると考える。とくに臨床的態度に基づいて量的研究を行うとはどのようなことか。それを明らかにすることで人間関係学の視点がより多面的に役立つことになるだろう。

第1章の議論を踏まえれば，「実証的」とは主観を徹底的に明らかにすることであり，主観を徹底的に明らかにするとは，前記の通り共同主観的であろうとすることである。あらゆる研究の営みにおいて，研究が取り扱うデータの種類のいかんにかかわらずその研究のプロセスにおいて常に研究対象となる人と研究者自身の関係において相手を単に研究のための対象として見るのではなく，相手を大切にすること，相手に対する責任 (responsibility) を全うしようとする態度が常に求められている。

したがって，量的研究においても，たとえばアンケート調査を実施する際にその対象となる地域住民の人々とのかかわりの中で，お互いの主観的認識を鍛

え，より正確な認識へ至ることが，本来は求められていることが明らかになると思われる。そこで筆者が実際に実施したアンケート調査をめぐって，臨床的態度に基づいて量的研究を進めるとはどのようなことかを点検したい。

2　あるアンケート調査からの検証

筆者自身がある地域の方々と実施したアンケート調査を例にとって，臨床的態度に基づく量的調査研究の方法について述べていきたい。

首都圏のベッドタウンとして9割近くが集合住宅で占められる地域の自治会・管理組合の方々から地域の防災対策の推進がこの地域の今後の活動目標に掲げられたことから，地区の全世帯住民のニーズを知ることを目的としたアンケート調査を実施したいと筆者に協力が依頼された。

アンケート調査を実施するためには，調査目的と調査対象をまず初めに明確にしなければならないが，今回の調査ではいずれも当初より住民の側である程度はっきりしていた。このように述べると，アンケートの一つ一つの質問項目を作成すれば簡単にアンケートが完成し，アンケート調査が実施できると考えられてしまうかもしれないが，実際にはそうではない。アンケート調査は，インタビュー調査とは違ってそのつどの会話の中で質問の仕方を変えることなど臨機応変な対応や工夫ができないため，アンケートを作成する時点で細心の注意と多様な視点からアンケート内容の見直しを繰り返して一つ一つの質問文や回答選択肢を練り上げなければならない。

(1)　「違和感」のない言い回し（ワーディング）

第一に，一つ一つの質問項目を作成する際には，質問文や回答選択肢の言い回し（ワーディング）が，調査対象者の日常的な言葉遣いからみてできるだけ違和感がないものにする必要がある。たとえば，地域組織の最小単位を表す表現として，「町内会」「自治会」「管理組合」のいずれが適切なのか，またそれらが連合したより広域の単位は「協議会」や「連絡会」と一般的に呼ばれるが，この地域ではどの呼び方がより適切（当事者にとって違和感のないもの）かを，

地元住民の方々と相談をして決定しなければならない。

　なぜなのか。それは，アンケートを通して調査対象者の考えや行動について教えてもらうためには，できるだけ調査対象者が普段生活する「世界」に近い言葉遣いでなければ，たとえアンケートに回答してもらっても「意味のあるデータ」にはなりえないからである。つまり，調査を通して得られたデータによって，研究者の認識を深めるに止まらず，何よりも対象者自身の認識が深まり，次の動き出し（アクション）を刺激できるようなデータであってこそ対象者にとって「意味のあるデータ」と言えるだろう。言い換えれば，「意味のあるデータ」というのは対象者の「世界」を通してしか見出されないデータでありながら，対象者の「世界」を豊かにする刺激性を有しているデータである。「意味あるデータ」を得るためには，対象となる地域の人々の「世界」にいかに入り込んで調査表を作成できるかが鍵となるのである。

　面接調査やインタビュー調査などのように調査者と対象者が面と向かって行われる調査方法であれば，言葉遣いに多少の違和感があった場合でも適宜，言葉遣いを修正して，調査者の意図をより適切に伝えられるように工夫できる余地がある。しかし他面では，面接調査やインタビュー調査では，地域全世帯のニーズ調査という今回の調査目的に照らせば，時間と労力と調査スタッフの組織化に膨大な時間と労力と費用がかかる割にはデータの精度を上げることは難しいのが実際である。それに対して，アンケート調査はより短時間で多くの世帯住民からデータを効率的に得ることができるのが他の調査方法にはない利点である。しかしながら，アンケート作成時点でより適切な設問ができなければ挽回する余地が残されていないため，その時点での地域の人々への密着した関係のあり方が厳しく問われるのである。

　いずれにしても，アンケート調査でより適切な住民の意見などを得るためには，調査対象者の「世界」に沿った言葉遣いを使用するように注意を払うことが，より適切なデータを集めるために重要な作業となる。したがって，まずアンケート調査の作成過程において，地域住民が生活する「世界」からアンケート調査を作成しようとする姿勢は，臨床的態度に通じていると言えよう。

(2) 自明となっていることの再発見

　第二に，アンケート実施後に行われるデータ集計・分析の際にも，臨床的態度が求められる。一般化されたデータないし分析結果が求められる調査ももちろんあるが，量的調査研究はそれだけに限られるものではない。この地域で得られたデータを他の地域にも一般化しうる知見を導き出すものとして分析されることも大事なことであるものの，この地域で得られたデータがこの地域住民の方々の今後の活動に役立つ知見を得るために分析されることもまた重要である。言うなれば前者が分析結果が研究にとっていかなる価値を持っているかを判断しているのに対して，後者は調査対象者の人々にとってどのような意味を持ち，今後どのように活かされうるかという視点からの研究と言えるであろう。

　たとえば，今回のアンケート調査は，当初から地域住民が地域の防災対策の具体的な内容を探ることを目的に据えて，地域住民の防災対策の現状とニーズを把握する調査であり，防災対策の行動指針を探るものであった。防災対策を進めると一口に言っても，世帯ごとにニーズは異なる。一人暮らし世帯，夫婦のみ世帯，夫婦と子ども世帯，三世代世帯といった世帯構成，またヴァルネラビリティの高い同居者，たとえば高齢者，幼い子ども，身体が不自由でいざという時に移動が困難な家族がいる世帯があり，それぞれの世帯が抱えるニーズや必要とする援助は異なる。どの世帯がどのようなニーズを抱え，どのような援助を必要としているかを明らかにすることができれば，地域住民が主体となって防災対策を進めるうえでの行動指針になりうる。

　今回の調査では，とくに30～40歳代の世代（小・中学生の子どもがいることが多い）世帯では防災対策に関する情報・メニューリストが必要とされていたのに対して，50歳代以上の家族で構成される世帯（一人暮らし世帯あるいは夫婦のみ世帯）では直接的な援助（防災対策器具を設置してくれるサービスや備蓄品の購入代行など）が必要とされていることが裏づけられ，こうした分析結果を地域住民の方々に報告（フィードバック）した2ヵ月後には既存の地域NPOが10軒の世帯で家具転倒防止器具の設置を実施した。

　このように調査後に地域住民の側での何らかの動き出し（アクション）につ

ながりうるのであれば，調査に協力した研究者としての喜び以外の何ものでもないのはもちろん，この調査・分析結果が地域住民にとってどのような意味があったかを点検できる。より詳細に言えば，これまで自明だったが対象化されずにいた事柄を調査によって地域の人々が再確認できたということであり，これが可能になったのは地域の人々に相談や報告をしながら研究者が分析を進めた結果として地域住民の新たな動き出しに貢献できたからだと考えられる。これに対して，もし研究者の関心に基づく仮説の検証が優先される研究であれば，地域住民の側での調査後の動き出しは起こりえなかったであろう。

(3) 調査後の継続的なかかわり

第三に，調査の終了後に地域住民がどのような防災対策の普及を進めていくかについて，調査終了後も継続してかかわるということである。一般的に，調査は集計をして分析をして報告書を作成し，調査協力者の方に結果の説明（フィードバック）を行うことまでが一連の流れとなるが，調査が終わりを迎えても，調査対象となった地域の方々との関係が終わるわけではない。むしろ，調査結果を踏まえて今後どのような取り組みをしていけばいいかなど，地域の新たな課題に継続的にかかわっていくということである。もちろん，地域のすべての課題にずっとかかわり続けなければならないわけではないが，継続的に関心を持ち続け，新たな取り組みの中で地域の人々がどのような活動を行っているか，地域に何か変化が生じたかなどに関心を持ち続けるということである。言い換えれば，今後あるかもしれない「次回の出番」のために備えておくということである。「次回の出番」が来た時には，地域との関係に一定期間のブランクが空いていたとしても，できるだけ早く地域の人々が生活している「世界」に調査者が戻れるように準備をしておくということである。

3 相手の「世界」を理解しようとする態度に基づく調査

一般的には，匿名化されたデータを統計的に処理するプロセスという点が大きくイメージされてしまいがちなのが量的調査研究である。実は調査を始める

前にも，調査をしている最中にも，調査を終えた後にも，つまり調査のすべての時点で調査協力者や対象者の人々の「世界」を理解しようとする量的調査も行うことができるのであり，そのような調査研究のあり方が臨床的態度に基づくものであると筆者は考える。

　本章で述べてきたような量的調査は，全く目新しいものというわけではなく，「フィールドワーク」の精髄を人間関係学の文脈で言い表したものと言えよう。フィールドワーカーとして著名な佐藤郁哉は，フィールドワークの特徴を「……現地に長期間滞在し，そこに住む人々の生活に密着して調査を進める参与観察を中心とするフィールドワーク」と端的に述べている。[18] 本来のフィールドワークというのは，ただ単に調査者が現場で調査をするということだけではなく，調査対象となる人々や地域の生活に入り込み，彼らとの直接的なかかわりを通して彼らの「世界」を実感し，彼らと対話することを本義としている。また，量的調査研究におけるデータ分析は，単なるデータとのあいだでデータをいかに取り扱うかに終始するものではなく，観察やインタビューといったフィールドワークを通して得られた洞察によってデータの意味が裏づけられるものであるから，量的調査研究は質的調査研究と決して対立するものではなく，むしろ補完するものである。[19]

　以上述べてきたように，量的調査においても人間関係学の視点が求められることが明らかになったことがわかろう。では，翻って質的研究に分類される研究が果たしてどれだけ「実証（的）」であるかがここで改めて問われなければならないであろう。前記のように「実証（的）」であるかは扱うデータの種類によって分類されるだけではなく，研究者の態度が「実証（的）」かが問われるのである。

　本章の冒頭にも指摘したように，医学，看護学，教育学，社会福祉学といった人を援助することを目的とする学問研究に携わる者には，患者や学生やクライエントと直接的にかかわる中で援助を行うことだけではなく，学問的課題について研究を進めることが求められている。広く対人援助にかかわる学問研究がクライエントへの援助を目的としていることは当然のことであるが，その際

に研究(者)が対象に真に即すという意味で実証的であるかが重要である。

第4節　研究に問われていること

1　地域への応答としての大学の地域貢献

　最後に，研究を社会的役割の一つとする大学と地域のこれからの関係について述べたい。というのも，教育および研究期間である大学にとって地域とは何か，また地域にとって大学とは何かが今改めて問われているからである。

　2013(平成25)年より，文部科学省が主導する高等教育改革の政策の一つに「地(知)の拠点整備事業」というものがある。略してCOCと呼ばれるが，Center of Communityの頭文字を取ったもので，今後衰退していく可能性の高い地域社会の課題解決に，比較的多くの資源を有すると考えられる大学が地方自治体との緊密な連携のもとで率先して取り組むための事業である。これは高等教育機関の教育と研究の発展に通じる事業であり，文部科学省の政策として進められている。

　こうした事業を筆頭に現在，大学には多様な形での地域貢献が求められており，大学もそうした社会からの要請に応えようとしている。こうした中で地域とかかわろうとする大学が増えているのだが，その際に改めて大事になるのが臨床的態度あるいは実証的態度ということであろう。

　地域には地域の，また大学には大学の事情があるため，地域と大学の絵に描いたような結果を生み出す「連携」を行うことは実際のところは難しい。そのため最低限の連携だけに止めてしまうとか，大学にとって都合のよい部分だけで「連携」することが最も簡単な選択肢かもしれない。しかしながら，地域とかかわる際に，「良い結果」が必ず約束されているわけではないのだから，望ましい成果，メリットが見えにくいという損得勘定が優先された視点のみで捉えられてはならない。もちろん公費の投入に際して結果が求められるのは当然であるが，その際大学には今改めて教育および研究機関としての責任が問われるということである。

語源を辿れば,「責任 (responsibility)」は「応答する (response)」に由来する。つまり, そのつどの相手の言動に対し, その相手に問いかけ, その存在に応えることによって責任を果たすという意味である。大学の機能の一つである研究も, 大学の事情のみで行うことができるわけではなく, 地域社会に応答するような研究の態度が求められている。こうした応答＝責任は, 何よりも大学が地域やそこで暮らす人々の「世界」に飛び込み理解しようとしているか, つまり大学がいかに地域を大切にできるかということであり, 様々な事情で出会った地域の方々を大切にできるかが問われている。そうした態度で地域の人々に臨む中で, 次第に地域の人々と対話ができる関係が築かれていき, 時として地域が抱える様々な課題や希望などを話してもらう機会が訪れることで, さらに精度の高い地域の理解につながり, 地域の人々にとってもより意味のある調査が可能になるであろう。

2　大学の責任としての実証的態度

　大学が地域を大切にするということは, それはとりもなおさず大学が自らをも大切にすることである。本章のまとめとして, 大学が教育機関としてかつ研究機関としての役割を大切にすることとして改めて実証的態度について述べたい。

　前記のように人間関係学にとって「実証的であること」というのは, むしろ主観を鍛えていくことであり, 徹底的に主観を明らかにしていく終わりなきプロセスである。この徹底的に主観を明らかにしていくプロセスは, 一人で行うものではなく, クライエントや研究仲間とともに厳しく主観が鍛えられるプロセスであり, その意味でクライエントや研究仲間との間に臨床的態度で臨むか否かが絶えず問われるプロセスである。

　こうした研究プロセスを通して鍛えられた主観が共同主観化されていくことで初めて, 人を援助することにかかわる研究が相手に対する援助になりうるといってよいだろう。つまり, 人を援助することにかかわる学問研究というのは, 常に相手に対する応答として営まれており, 言い換えれば「応答する＝責任の

ある」研究であることが求められている。こうした責任に応えていこうとする研究が研究者自らの営みとして，また現在ではとくに教育と研究を使命とする大学の営みとして期待されていることに他ならないのである。

注
(1) 木村敏『生命のかたち／かたちの生命』青土社，1992年，p.21
(2) 木村敏『偶然性の精神病理』岩波現代文庫，2000年，p.13
(3) 足立叡「学祖・長谷川良信の教育思想における『実学』概念とそれを支えるもの」長谷川仏教文化研究所『長谷川仏教文化研究所年報』第32号（上），2008年，pp.213-214。傍点は足立
(4) 足立叡『臨床社会福祉学の基礎研究　第2版』学文社，2003年，p.114
(5) 佐藤俊一『対人援助グループからの発見―「与える」から「受けとめる」力の援助へ―』中央法規，p.48
(6) 早坂泰次郎『人間関係学序説―現象学的社会心理学の展開―』川島書店，p.88
(7) 同上書，p.79
(8) 同上書，p.82
(9) 同上書，p.85
(10) 同上書，p.86
(11) 同上書，p.87
(12) 同上書，p.87
(13) 同上書，p.87
(14) 同上書，p.87
(15) 同上書，p.89
(16) 足立叡「『わかる』ということ」早坂泰次郎編『〈関係性〉の人間学』川島書店，1994年，p.90
(17) その好例として米村美奈『臨床ソーシャルワークの援助方法論―人間学的視点からのアプローチ―』みらい，2006年
(18) 佐藤郁哉『フィールドワーク増訂版』新曜社，2006年，p.23
(19) 佐藤郁哉「訳者まえがき」ザイゼル，H.（佐藤郁哉訳）『数字で語る』新曜社，2005年，p.ii

参考文献
足立叡「『わかる』ということ」早坂泰次郎編『〈関係性〉の人間学』川島書店，1994年，pp.79-93

足立叡『臨床社会福祉学の基礎研究　第2版』学文社，2003年
足立叡「学祖・長谷川良信の教育思想における『実学』概念とそれを支えるもの」長谷川仏教文化研究所『長谷川仏教文化研究所年報』第32号（上），2008年，pp.201-218
足立叡編『新・社会福祉原論』みらい，2005年
木村敏『生命のかたち／かたちの生命』青土社，1992年
木村敏『偶然性の精神病理』岩波現代文庫，2000年
ザイゼル，H.（佐藤郁哉訳）『数字で語る』新曜社，2005年
佐藤郁哉「訳者まえがき」ザイゼル，H.（佐藤郁哉訳）『数字で語る』新曜社，2005年
佐藤郁哉『フィールドワーク増訂版』新曜社，2006年
佐藤俊一『対人援助グループからの発見―「与える」から「受けとめる」力の援助へ―』中央法規，2001年
佐藤俊一『対人援助の臨床福祉学―「臨床への学」から「臨床からの学」へ―』中央法規，2004年
早坂泰次郎『人間関係学序説―現象学的社会心理学の展開―』川島書店，1991年
早坂泰次郎編『〈関係性〉の人間学―良心的エゴイズムの心理―』川島書店，1994年
米村美奈『臨床ソーシャルワークの援助方法論―人間学的視点からのアプローチ―』みらい，2006年

第2部　人間関係学から臨床社会福祉学へ

第6章

生と死の援助への視点

　病むことは，生きることに様々な制限が加えられ，人間存在そのものをも脅かす誰しもが避けたい体験である。病名，病状を告知されることや辛い身体的症状などから精神的に不安定な状況に陥ることも少なくない。また，手術などにより身体の一部を失ったり，身体機能の低下により職を離れること，家族と別れなければならないこと，最期には自分の命，人生を失うという喪失体験の繰り返しである。何よりも死が目の前にある不安と常に向き合っていなければならないことの苦痛は，あらゆる「痛み」が増長する原因にもなる。病む体験は，そうした喪失の繰り返しにより，それまでの日常を見直さざるをえない状況を引き起こし，常日頃そこにあった問題を改めて問われることを意味している。それは，とくに人が死を生きるという極限の状態にある人とのかかわりの中で，より顕著に，表れるものではないであろうか。終末期にある患者，家族へのソーシャルワーク援助の事例から，病いや障害を持って生きる人々への援助に欠かせない援助の視点がどのようなものであるのか，病気や障害を持つ人々の援助にどのように役立つのかを示していくことにする。

第1節　終末期の患者へのソーシャルワーク援助
―かかわりを生きる力の発見―

　医療機関のソーシャルワーカーへの依頼内容は，一般的には退院援助や経済的な問題の解決，社会資源の活用などが多くを占めている。介護保険や障害福祉サービスなどの具体的なサービス調整や，自宅退院が困難な場合の療養の場

について相談することは，クライエントの生活の安定を図るためのソーシャルワーカーの大切な役割であると言えるであろう。

筆者の勤務する医療機関では，重篤な病気や事故の治療を行う役割を担っており，終末期にある患者や家族に出会うことが少なくない。そうした援助の過程の中で，クライエントには制度の活用だけでは補うことや代替することができない共通するニードがあることを経験している。人は病気になった時，闘病生活の中でそれまでの生き方とは違う生活を強いられることがある。そうした生活障害に直面した時，今までの生き方を振り返ったり，生きることが自身にとってどういうことであるかを問うこと，自身の存在への問いが生まれてくる。事例を通じて，終末期にあるクライエントに必要とされるソーシャルワーク援助を臨床社会福祉学の視点から明らかにしていきたい。

事例：病気になって母親と出会う

(1) 患者のプロフィール

患者：A氏　40代半ば　男性
病名：悪性腫瘍，多発転移
クライエント：患者本人
生活背景：単身独居。SEとして勤務していたが，数か月前より休職し，健康保険による傷病手当を受給中。小さい頃に両親は離婚。実兄が数年前に病気で他界。結婚歴はなく，実母とはここ数年，疎遠であった。
治療経過：3年前がんの診断を受け，手術と化学療法を繰り返していた。医療ソーシャルワーカー（以下，MSWとする）との初回面接時は，通院にて化学療法中であり，初回面接から約1年後緊急入院し他界した。病状については全て告知を受けている状況であった。

(2) ソーシャルワーク経過

〈依頼経路〉

> がん相談専門看護師より経済面の不安があり，MSW を紹介したいと依頼がある。病状は，根本的な治療は困難な状況であること，一度手術を試みたが病状が進行していたため，開腹のみで終了した経過があり，その後は精神的なサポートを目的に定期的に面接をしているとの申し送りがあった。

〈第1回面接〉

> 障害年金を含めた経済的な問題について相談希望あり，A氏が相談室へ来室。
> A氏は「看護師から紹介されてきました。外来で化学療法を続けているが，費用も高額で，いつまで治療が続けられるか不安。今は傷病手当金をもらっているのでなんとかなっているが，受給期間が終了になったら，生活のことが心配。障害年金の制度について調べたが，いつ申請したらよいのかわからない。具体的な手続きの方法など教えてほしい」と話した。

　A氏は，将来的に金銭面での不安があることを話した。傷病手当金や障害年金の制度についてよく調べていたが，身近に相談できる人もいないため制度についての自分の理解が間違っていないか，MSWに確認しながら手続きをしたいとの希望であった。MSW は A 氏の申し出を引き受け，社会資源の利用方法についてともに確認しながら，手続きすることを約束した。

〈第2回面接〉

A氏が受診後，相談室へ来室。
A氏：「他院で手術を受けることになった。前回の手術は開腹だけで終わってしまったが，もう一度トライしてみようと思う。根本的な治療でないことはわかっているけれど，少しでも元気でいられる時間が持てるなら，治療はあきらめたくない……。障害年金についても，病院が変わってしまうとMSWに相談できなくなってしまうのではないかと不安になった」。
さらに，「数日前まで手術をするかとても悩んでいた。今の主治医をとても信頼しているし，一時的に病院を移ることについても不安があった」と話した。
A氏は，相談したいと思う友人もおらず，人との関係を築いていくことが苦手だとも話した。そして家族とも疎遠で協力してもらうことはできないとのことであった。MSWは，病院が変わっても相談は可能であり，転院先のMSWと連絡調整しながら対応ができることを伝えた。A氏は「少し安心しました」と話し，退室した。

〈第3回面接〉

A氏が予約なく来室。
A氏は「今日は検査があったので，MSWの時間があればと思って立ち寄ってみた。この前，ホスピスのことを聞こうと思って，聞きそびれてしまった。病気が進んで，自分の身の周りのことができなくなった時，人に迷惑をかけたくないので，ホスピスのことも考えたいと思っている。金銭的にどのくらいかかるのかがとても心配」と話した。
MSWはA氏の経済状況を確認した上で，ホスピスの入院費用について説明し，経済的には対応が十分可能であることを伝えた。また，入院相談

の手続きに際しては，本人と家族が療養生活に対する意向を十分に話し合い，手続きをすることが大切であることを伝え，以下のように尋ねた。

MSW：「ご家族は，Aさんの病状のことはご存じなのですか」
A氏：「母は高齢で足も悪く，いろいろなことを相談できない。病名や手術になりそうなことは伝えてあります。他に家族はいません」
MSW：「お母さんは心配されているのではないですか」
A氏：「……［沈黙］。なるべく迷惑をかけたくない。自分でできることは自分でしたい。誰にもなるべく頼りたくない。母にホスピスの話は少し話したことがあります。手続き上，家族の助けが必要なことはわかっています」

家族の話になると表情が硬くなり，家族のことについて「今は話したくない」と語気を強めた。

〈第4回面接〉

約1か月後，A氏が外来の受診後に来室。
A氏：「手術のためにB病院へ入院したが，今回も開腹しただけで終わってしまった。これで2度目です……。今後は化学療法をできるだけ続けるつもり。いよいよホスピスのことも考えないといけない。今日は報告だけなので……」と言いながら，涙を流した。
MSWは，なんと言葉をかけてよいかわからずただ頷いていたが，A氏がとても辛そうな表情をしていたため，「Aさんが一生懸命考え，悩んで決めた治療の結果が良い結果でなかったことは本当に残念です。Aさんのつらそうな様子がとても心配で，泣いている理由を聞かせてほしい」と伝えた。

> A氏：「覚悟して手術に挑戦した結果がこれだった。この手術ができなければ，食べることができなくなってしまう。今でも少しは食べられるけれど，一人前に人並みの量が食べられなければ食べたとは言えないし，生きているともいえないと思う。食べることができなければ，健康な人と同様にできることが何もなくなってしまう」
> MSW：「一人前の量でなければ，食べたことにならない，生きていることにならないのですか。少しの量では食べたことにならないと思うのは，なぜですか」
> A氏：「食べたとは言えないと思っている。完治はないけれど，しっかり食事がとれるための治療が手術だった。まともに食べられないのなら化学療法も意味のある治療になるかどうかわからない……」
> MSW：「Aさんにとっての治療は，健康な人と同じように食事を食べられるようになることだったのですね。少ししか食べられないことは生きている意味のないことなのでしょうか……」

A氏は，今回の手術が"本来の自分"に戻る唯一の方法であったこと，人の助けを必要とするような状況では生きていけないと思っていると語った。MSWは「Aさんの気持ちを初めて聴くことができたように思います」と伝え，今のA氏が今後の生活をどのように過ごしていくかをともに考えていくことを約束し，面接を終了した。

〈第5回面接〉

> **2週間後，障害年金の手続きについて相談したいと連絡があり，A氏が来室。**
> A氏：「傷病手当金がもうすぐ終了してしまう。障害年金を受給する頃には元気でいられないかもしれないが，相談しておきたい。書類を受け取る窓口は確認してきたのだけど……」

MSW：「それなら，一緒に記入しましょう。次回，申請書類を持ってきてもらえますか」
　A氏は「一緒に書いてくれるの」と驚いた様子で言い，「手続きが面倒と知っていたのでとても億劫な気持ちだった。一緒に記入する作業をしてもらえるなんて，なんだか楽しみな気持ちになった」と嬉しそうに話した。
　MSWは病状や今までの面接の過程から「楽しみ」という言葉がA氏から聞かれたことを意外に感じ，「楽しみとは」と聞き返した。
　A氏は「自分でしなければいけないことなのに，こんなことに時間を割いてくれるなんて思ってもいなかった。MSWと会話しながら作業することって，なんだか楽しそうだなあと思った」と話した。

　A氏は，人づきあいが苦手で，家族との関係が疎遠と言いながら，人と時間を共有することや自分の気持ちを伝えることが心地よいと感じ始めた様子であった。

〈第6回面接〉

　食欲不振により緊急入院したと看護師より連絡を受け，ベッドサイドにて面接。
　A氏：「顔を見せてくれて本当にありがとう。ついに入院してしまった……。母にも入院したことを連絡しました。母が来た時，MSWも一緒にいてもらえませんか」
　MSW：「心配であれば，一緒にお会いしますよ。でもそれはどうしてですか」
　A氏は「母に一人で会う勇気がありません。何もできない寝たきりの自分を母がどう思うか……。受け入れてもらえるかわかりません。母を残して一人にしてしまうし，これから迷惑をかけてしまうと思うと，自信がな

いです」と話した。
　MSW は，A 氏の気持ちを確認した上で，改めて母親が来院時に一緒に面接することを約束した。主治医に病状について確認すると，予後は1,2か月と考えられること，家族にも病状説明をする方針であるとのことであった。

〈第7回面接〉

　翌日ベッドサイドに訪問。
　顔色が悪く，痛みのためにつらそうな様子であった。
　A 氏は「痛みを薬でコントロールしているけれど，だるさもあってかなりつらい……。MSW や先生が顔を見せてくれると安心します。母が来たら，ホスピスの相談をしたいと思う。MSW も一緒に話を聴いてほしい。この間，一緒に会ってくれるって言っていたからいいですよね」と話した。

〈第8回面接〉

　母親が来院。A 氏は体調が悪かったため，A 氏了解のもと，母親とのみ面接。
　母親は，「先生から病状を聞きました。ここまで悪くなっていたとは思わなかった。病気のことを尋ねても詳しく話してくれず，病院に面会に来ることも拒否されていた。担当の先生がとても親身になってくれていること，相談できる看護師さんと MSW がいることは本人から聞いていました。治療のこと，今後のことをその方たちと相談しながら決めているから大丈夫だと本人から聞かされていました。優しい子だけれど，昔からとても神経質で気難しく，人との付き合いも上手くない子だった。あの子が人を信

頼しているなんて聞くのは本当に初めてのことです」。母親は高齢で小柄であり，足を引きずって歩いているがとてもしっかりした口調で話した。そして「本人が面会に来てもよいと言ってくれたので，これからは毎日会いに来ようと思っています」と言った。その後病室を訪問した際，母親は傍でじっとA氏を見守っていた。母親にとって体力的にも精神的にも負担のあることであったであろうが，それを厭う様子もなく，長時間を病院で過ごしていた様子であった。

　数日後，廊下で母親と会った時，「何をしゃべってよいかわからないので，ただ座っているだけなんです」と話してくれた。MSWが「ただ傍にいることができるのは，お母さんでなければできないことですよね」と伝えたところ，「なんとなく，ここに居てもいいんだなと感じるようになりました。顔を見られるだけで嬉しいです」と話していた。

〈第9回面接〉

母親が相談室へ来室。
　母親から「AがMSWと一緒に話をしたいと言うので，できれば一緒に病棟に来てほしい」と話があり，ともに病棟へ向かった。病室へ向かう途中，MSWは「お母さんに初めてお会いした時，Aさんから疎遠だと聞いていたので，Aさんのことをとても心配しているお母さんに会って驚きました」と率直に伝えた。
　母親：「小さい頃に離婚し，母子家庭で育てました。そのために経済的な苦労をかけて，親らしいこともしてやれず，Aに申し訳ない気持ちもあった。兄弟も仲は良くなかったのですが，数年前に長男が他界してしまいました。幼い頃から友達を作ることも苦手で，親や兄に対しても頼ることのなかった子だった。初めて病気が見つかったと聞いた時は，うちにこもって精神的に病んでしまうのではないかと思いとても心配し，連絡を取っ

ていたんですけど，そのうち本人が"心配いらないから"と連絡を拒むようになってしまった。言ってもきかない子なので，時折電話して様子を確認する程度だった。長男が亡くなって，私がショックを受けていたので，自分の病気のことは言いたくなかったのかもしれない……。今は会いに来ても良いと私を受け入れてくれたように感じています」

MSW：「Aさんはここ数年の闘病を，本当に一生懸命頑張ってこられたと思います。今まで頑張ってきたAさんをお母さんが認めてあげてください。今のAさんならば，顔を見られるだけで嬉しいというお母さんの気持ちが伝わると思います」

母親は「病状は悪くなっているけれど，最近は"嬉しい，ありがとう"などと言ってくれるようになった。今までのAとは少し違うように感じます」と話した。

〈A氏，母親とベッドサイドにて〉

　先日より表情が和らいでおり，体調も良さそうであった。
　A氏は「少し体調が戻ってきた。母親の通いやすいホスピスに相談をしようと思う。母が手続きを一人でするのは難しいので手伝ってもらえますか」と話した。ホスピス入院相談の申請書類をA氏，母親とともに記載した。言葉かけは少ないが，A氏の態度から高齢の母を気遣っている様子がとてもよく伝わった。

〈数日後，ベッドサイドにて〉

　母親はおらず，A氏のみであった。体調が思わしくなく，起き上がることができなかったが，「この間は母にも気を配ってくれて本当にありがとう。

MSW が母に優しく接してくれて嬉しかった」と話した。
　その１週間後Ａ氏は急変し，他界した。

　その後，母親より「無事に葬儀をすませました。最後の数日はとても穏やかに過ごせました。本人の気持ちを聴いたのははじめてのことでした。親子らしい時間を持つことができて，感謝しています」と連絡があった。

(3) **事例からの考察**
　人が病いにあって，死と向き合うことは，それまでの生活に制限を加えられ，様々なことを諦めていく過程を生きることであろう。Ａ氏は，元来，他者に思いを伝えることが苦手であった。今までの人生では，人に「相談したい」と思うこともなかったと話していた。Ａ氏の闘病生活は，数度にわたる手術と化学療法を繰り返し，仕事を失う，食事ができなくなるなど，諦めることの連続であったと考える。食事がとれなくなった時，「健康な人と同じようにできることがなくなった」と悲しそうに話したＡ氏の言葉が忘れられない。
　それまでのＡ氏にとって，生きることは，身体的，経済的，精神的にも自立し，人に頼らずに生きるということであった。こうしたＡ氏が病気になって様々なものを失うことは，生きていくことができない，まさに危機的な状況であったと言えるであろう。
　そうした苦しい状況の時，MSW はＡ氏に出会った。最初は，簡単な事務手続きに関するものであったが，次第に面接の中で「楽しい」「嬉しい」という言葉を伝えてくれるようになった。そうした素直な気持ちを伝えてくれることは，MSW にとっても嬉しいことであった。Ａ氏は，自分の周りには頼りになる人はいないと信じ，また自分のために力になろうと思う他者がいることなどは考えてもみなかった。しかし，MSW との対話を通じて初めて，自分が一人では生きていないことに気づき，「助けてほしい」という気持ちから，自分の思いを伝えること，またそれによって相手が応えてくれること，この相互の過

程が人との関係を豊かにするということを実感したのではないだろうか。そして，この体験が母との関係を再度見つめ直し，関係を築くことにつながったのではないか。A氏は健康な時には，やり過ごしたであろう体験や人との出会いの意味を大切に思い，他者を信じる体験を通じ，この過程を精一杯生き抜いたのではないかと考える。その結果，失うものばかりではなく，病気の体験の中で得るものがあったことがわかる。

　神谷美恵子は著書『ケアへのまなざし』(2013)で，「人間は他人との密接な相互作用の中で生きている。他人が自分に対して示すことば，まなざし，身ぶり一つで，人間の持つ世界は，あるいは光り輝き，あるいは闇にとざされる(1)」，さらに，人間学的な治療態度について「何よりも医師が患者と同じ世界に身をおき，同じ人間どうしとして〈出会う〉ことが大切とされる。……(中略)医師はいわば患者の伴侶として患者とともに，患者の自由回復の道をさぐって行く。自由とはこの場合，患者がほんらいの自己をとりもどし，自分の持っている可能性を実現して行けるようなありかたをいう(2)」と述べている。これは，医師にかかわらず，どのような職種であっても，援助者が一人の人間として人格相互のかかわりを通じて援助してゆく姿勢が求められることを示唆しているのではないであろうか。MSWが，A氏に，関係を生きる力があることを信じ，A氏を「わかりたい」という思いを伝え，応える姿勢で向き合ったことが，頑なだったA氏が自分の思いを打ち明け，「完全でない自分でも生きていてよい」と肯定的に感じられるようになったこと，そして相手を信頼する力を得たことがかかわりを生きることにつながったのではないだろうか。

第2節　日常性を重んじるということ

事例：日常の援助が問われる

(1) 患者のプロフィール

患者：B氏　10代　男性
クライエント：母親
病名：悪性腫瘍
生活背景：両親と3人暮らし。兄弟はなし。中学校に在学中。父は会社員，母は専業主婦。
治療経過：他院を受診し当院へ紹介された。入院後の精査の結果，悪性度の高い腫瘍であり，予後は半年と診断された。本人には腫瘍があること，薬物療法が必要であることを説明したが，それ以上の詳細な説明はしない方針となった。

(2) ソーシャルワーク経過

〈依頼経路〉

　主治医より「手術後の経過をみて，近日自宅退院の予定である。現状では歩行にふらつきはあるが，日常生活はほぼ自立できそうである。今後の療養の過程でMSWの援助が必要になると思うので母親に会ってほしい」と依頼がある。依頼の直後に母親と面接した。

〈第1回面接〉

> **病棟にて母親と面接。**
> 　MSWよりあいさつをしたところ,母親は「これからのことを思うと不安なことばかりなので,いろいろとお世話になると思います。本人にはなるべく不安を与えたくないと思っているので,相談は本人のいない時にしたい。アポイントはどのように取ったらよいですか」とはっきりとした口調で話した。表情は穏やかで,とても落ち着いた印象であった。

〈病棟にて母親と廊下で会う〉

> 　母親は「近々,退院できそうです。本人は一日も早く退院したいと言っている。受験を控えているので,気持ちがとても焦っている。受験は無理だと思うが希望を持たせてやりたいと思う」と話した。
>
> 　数日後退院し,外来通院にて経過を見ることとなった。

〈第2回面接〉

> **退院2週間後,母親よりアポイントの連絡があり,相談室にて面接。**
> 　母親:「今日は本人が外来リハビリ中なので,その時間,MSWと話ができればと思って来ました。今のところ,家での生活は無事に過ごせているけれど,体力がなく学校へは通えない状況。勉強も思うようにはかどらないため,受験は見送ることにしようかと話しています。もともと勉強熱心だったので,本人の気持ちも落ち込んでいる。本人の希望もあって,カウンセリングに通うことにしました」と近況を話した。面接が終わって,

立ち上がろうとする時，母親が「相談の目的もなく，ただ話をしに来てしまってすみません。こんなふうに話をしに来ていいですか……。日中はほとんど二人で過ごすことが多いので……」と話した。そして「息子もだいぶ大きくなったので，ここ数年は24時間ずっと一緒に過ごすことなどなかった。一緒にいると，やはり病気のことを考えてしまうが，暗い顔を見せてはいけないとも思う。本人も二人きりの環境では息が詰まってしまうのではないかと思っている」と話した。病気のことはまだ周囲にも話しておらず，家族以外と話をすることはないという。病気の発症からまだ2か月ほどであり，本人がどんな気持ちでいるのか，どのように接したらよいか，毎日考えてしまうと語った。MSW は，母親が気持ちを整理するためのお手伝いができるのであれば，いつでも声をかけてほしいと伝えた。

〈第3回面接〉

　　母親より連絡があり，面接。
　母親：「受験を見送ることを決めたことで，本人は気持ちがすっきりして落ち着いた様子です。少し安心しました。今日は今後の療養生活のことを相談したいと思ってきました。元気でいられる時間が少なくなってきていることを思うと，最期をどこで過ごすのがよいのか，本人にとって何が一番よいのかを考えたい。入院はしたくないと言っているので，家で過ごさせてやりたいと思っているけれど，私一人でどこまでできるか自信もないし，どんな選択があるのかわからなくって。夫は，自宅で最期まで看ることは精神的に難しいのではないかと言っているんです」
　MSW は，母親が「不安」と言いながらも，混乱した様子も見せず，いつも穏やかに冷静に話をすること，先の生活のことを前もって検討していることなどから，母の強さや覚悟を感じていた。改めて，母親自身の気持ちを尋ねると，「病気のことしか考えられない毎日です。でも，なるべく

普通の生活をさせてあげたいと思っています。これからできないことが増えていってしまうと思うけれど、自分でできることは自分でさせたい。本人が不安に思わないよう、元気な時と同じように接したいと思っています。それ以外できることがないんです」と話した。

　MSWは、母親の発言にはっとした。MSWは〈生活者の視点でクライエントを援助する〉と言いながら、重病の子どもを持つ母、重病の患者に対して何ができるのかという視点でしかクライエントを見ていなかった。母の思いは、当然のことではあるが息子を一人の人間として尊重していること、日常のあたりまえの暮らしを保障することにあると改めて気づかされた。

　面接の最後に、社会資源について情報提供し、24時間対応できる訪問診療や訪問看護があり、当院との連携の中でサポートしてくれること、自宅での生活がつらい時は入院加療ができることを伝えた。また、どのような選択をしても経過の中で希望が変わることは十分あり得ることで、そのつど思いを伝えてもらって構わないことを伝えた。母は、「協力してくれる人がいると聞いて安心しました。話が聞けてよかった」と表情明るく、面接を終了した。

〈第4回面接〉

2か月後、母親より連絡があり、面接。
　母親は「最近、体が動かしづらくなっている。車いすがあったほうが生活しやすいので、レンタルをしたい。薬の影響で、体がむくみ体重も増加してしまった。介助をどのようにしたらよいか心配になってきた」と話した。MSWは、身体障害者手帳の申請と車いすのレンタルなど利用できるサービス内容を確認した。また日常的な介護方法などを生活の場面で指導してもらえるよう、訪問看護の導入を調整することとした。面接の経過を

医師に報告したところ,「徐々に病状が進行している。次回の外来で,入院し治療方針を再度検討することを提案しようと思っていた」とのことであった。数日後,B氏は病状悪化にて緊急入院となった。

〈第5回面接〉

MSWが病棟に訪問し,母親と面接。
母親は「急な入院になってしまいました。入院2日後で退院できるようなので,なるべく早く退院したい。本人は,やっぱり家がいいみたい……」と話した。
MSWは,主治医に治療方針を確認した。入院前に比べ身体機能が低下しているため,退院には準備が必要であり,医師,病棟スタッフと相談し,退院の日程を調整することを母親に伝えた。病棟スタッフが母親に介護や医療行為の指導を行い,MSWは訪問医や訪問看護の調整を行った。母親に経過を説明すると,「みなさんに協力してもらってありがたいです。よろしくお願いします」と気丈に話した。
翌日,病棟看護師からMSWに以下のような相談があった。「母親に,オムツ交換の方法を指導したほうがよいと思い提案してみたが,"まだ必要ないから大丈夫"と言われてしまった。ここ数日意識にムラがあり,トイレの介助量がかなり増えている。B君は体格もよいため,介助方法を知らなければ,自宅に帰ってから困ってしまうのではないかと心配している。MSWからも母親に聞いてみてほしい」とのことであった。病室訪問時に,MSWが母親に思いを聴いたところ「母親に排泄の手伝いをしてもらうことは,本人が一番つらいことじゃないかと思う。どんなに介助が大変でも,本人がわかる間はできるだけトイレに連れて行きたい」と強い口調で話した。
MSWは,「以前もB君が自分でできることは自分でさせてあげたいとおっしゃっていましたね。そのことを一番大事にしたいのですね」と確認

した。そして「本当は手伝って何でもやってあげたい気持ちのところを，本人の意志を大事にするというのは，大変な決断だと思います」と伝えた。

母親は「心配してくれる看護師さんの気持ちを押し切ってしまって申し訳ないと思っていました。たとえ命が短くなっても，本人の気持ちを優先しようと思いながら，間違った決断なのかと迷っていました。MSWにそう言ってもらって少しほっとしました」と話した。

その後，母の気持ちを病棟スタッフに伝えたところ，看護師から「少しでも安全に退院できるように介護指導することに必死になっていた。母親や本人の気持ちを配慮することができていなかった。お母さんはそんなふうに思っていたんですね」と話があった。

退院前日，訪問医と訪問看護師が訪室してくれた際，退院指導の経過や母の思いを事前に共有することができた。訪問看護師は母親に「帰ってからのことは様子をみながら一つ一つ相談して行きましょう」と声をかけてくれた。母親は，「これからお世話になる先生や看護師さんの顔が見られてよかった。本人は"もう入院したくない"と言ったので，家で過ごそうと思います」と話し，翌日自宅退院となった。

退院から約3か月後，母親より自宅で亡くなったとの連絡を受けた。「苦しむことなく，亡くなる数日前まで好きなものを食べることもできました。友人や親戚が度々訪問してくれ，よい時間を過ごせました。本人もとっても頑張ってくれました」と話した。

(3) 事例からの考察

筆者は，学生時代に緩和ケア病棟に勤める医師とチャプレンにインタビューをした経験があった。緩和ケアを提供する上で大切なことについて，医師は「普通のことを思いやりを持ってやること」と言い，チャプレンは，「ターミナルケアとは非日常のことのように思えるけれど，本当は日常の確保が一番大切

のです。これは単に在宅ケアとか具体的なケアの形ではなく，人との付き合いということです」と話してくれた。「普通のことを思いやりを持ってやること」「日常の確保」は本事例の母親がまさに希望していたことであった。こうした「日常の暮らし」を支えるために，援助者ができることは何であろうか。

　クライエントであった母親はとても聡明な人であった。悩んでいること，心配なことをいつも的確に医師や看護師，MSWにも伝えてくれた。また社会資源についてもよく調べており，質問はあっても，具体的な援助を必要とすることはほとんどなかったように思う。MSWは面接の中で，ひたすら母親が思いを話す場を確保すること，その思いを聴き支持することに努めた。母親にとっては，息子を一人の人間として尊重することが「日常」であり，MSWはそれを保障することを手伝うことが大切だと感じていた。

　母親は「支えたい」「見ているのがつらい」「やってあげたい」気持ちでいっぱいな中，息子との関係性を大事にした時，こうした決断を選んだ。本人との了解の中でクライエントである母親が決めたことを大切にし，支えること，それによって母親が自信を持って生きていくことができることを保障すること，つまり，クライエントの自己決定を支えることがソーシャルワークの基本である。医学的な観点からは危険なことがわかっている状況であり，看護師の立場では伝えることのできないことであったからこそ，多職種でさまざまな視点からサポートしてゆくことが終末期においてはとくに必要なことになる。

　藤井美和は，「苦しむ人の前に立とうとする時，私たちは『他者』ではあるが『第三者』ではなく，何らかの関係を持って立つことができる。しかし，もしそれが援助を提供する専門職者としての立場であれば，そこに本質的なかかわりは生まれない。なぜなら専門職の衣を着た時，私たちは専門職者としての能力を発揮しなければならないという思いにとらわれるからである。……専門職者が解決できるものではないという限界を知った上でなお，その人の傍らにいようとするなら，そこに求められるのは『専門職者』ではなく，『生身の人間としての私』という立場である」と述べている。藤井の言う「生身の人間としての私」として，患者，家族とともにその過程を生きようとする時，援助者

の態度の問題が問われると言えるのではないだろうか。そしてすでに示してきたように、専門職は社会的役割としてだけでクライエントにかかわるのではなく、相手の悩みに応答することで本来の役割を発揮できるようになる。

第3節　死と向き合うソーシャルワーク

1　関係から見えること

　本章では、終末期にある患者、家族の事例について述べた。ここで提供されるべきものとして、緩和ケアの概念がある。緩和ケアとは、終末期にある人のありのままを受け入れ、人間としての生命の質を尊重し、その人らしく精一杯生きられることに配慮した全人的医療のことである。つまり、病気そのものだけに焦点をあてた医療ではなく、人間の全体性にアプローチしていくことが要求される。人間の全体性にアプローチしていくという援助の姿勢は本来、対人援助のどのような場面においても求められる視点であると考えられる。

　精神科医であるサリヴァン(Sullivan, H. S.)は、「精神科医は全力を尽くして、自分と相手との間で進行中の過程―自分と相手を巻き込んでいる過程というべきか―に注意を集中しなさい」[4]と面接者が鋭敏な〈アンテナ感覚〉を持ち、クライエントのニードに敏感に反応することの大切さを指摘している。サリヴァンの面接の基礎概念は「関与的観察」という信念に基づいており、面接者と患者の相互作用とそこで起こる過程や変化によって得られるものであることを根本に置いている。また、白石正久は、著書の中で、「指導者は、子どもたちのほんのちょっぴりの変化、"極微の変化"を敏感に捉えることのできる虫眼鏡の眼を持ち……(中略)その眼鏡の精度をますます磨きあげなければなりません。それが、人間発達にとりくむ指導者自身の発達のための課題です」と『育ちあう子どもたち―京都・与謝の海の理論と実践』(青木嗣夫ほか著)の一節を引用し、子どもたちを、「ありのまままるごと」捉えることを前提とした上で、指導者の感性の問題について触れている。[5]

　さらに、感性ということについて、これまでも紹介してきたように、早坂は、

自分自身の中で，心理的，情緒的に感じやすい閉じられた敏感さと区別し，sensitivity は自分以外の物や人の動きについて感じたことを示したもので，開かれた感性を表すものであると述べている。対人関係の場が，サリヴァンのいう，力動的な相互作用のもとに行われるのであれば，そこで求められるのは，常に対象に向かう感性である。そして，クライエントの気持ちを感じ取り，一人ひとりの体験を違ったままに受け入れ，了解していく過程があって，初めて相手をわかるということの一歩につながるのである。絶えず動いている対人関係においては，相手の気持ちを直に感じ取るというこの了解の態度によって，自一他をわかることの可能性が開かれるのではないであろうか。

事例のA氏は，病気になるまで，自分が人との関係の中で生きていることを感じていなかった。生育歴からも人に頼らず，頼られることもなく，いつも一人で何でも解決することがあたりまえ，またそうしなければならないと過ごしてきたのである。病気になり，誰かの支えがなければ生きていけない環境に身をおいて初めて，他者との関係を生きることに直面せざるをえなくなったのである。そうして生きてきたA氏が他者に対してつらい症状や不安な思い，自分の思いを語ることはどんなにか勇気のいることであっただろう。

その中で，MSWと出会い，MSWからA氏をわかろうとして問いかけたこと，また問われたことによってA氏自身が考え，応えようとしたプロセスを通して，他者が自分のために親身になってくれるということを体験し，自身の気持ちを言葉にして伝えることが，関係を生きる力を回復することにつながったのではないであろうか。

2 自己投入するということ

リッチモンド(Richmond, M. E.)は『ソーシャル・ケース・ワークとは何か』(1991)において，「自分と似ても似つかわしくないパーソナリティーに対して直観的に畏敬の念を持つことが，ケース・ワーカーの資質の一部とならなければならない」と述べている。ソーシャルワーカーが援助を行う上で，対象を一人の人間として尊重することが前提にあり，この指摘は，周知のこととはいえ，

対象とのかかわりを考えるうえで，きわめて重要なことと言える。

　ソーシャルワークの実践の場面において，「傾聴」や「受容」という言葉が頻繁に用いられている。筆者自身も日頃の同僚とのスーパービジョンの中で，使用することが少なからずある。この「傾聴」「受容」は援助の基本であるが，〈相手の言うことを否定しないで聴くこと〉だけではない。第2章で述べられたように，目の前のクライエントに関心を持ち，尊敬する姿勢があって初めて成り立つものである。援助を展開する中で，常に貫かれていなければならない姿勢であるといえる。

　そして，早坂は『現場からの現象学』(1999)において，「自分の全人格を投入（コミット）し，相手の言葉や態度に心から関心を向け，『よく見』『よく聴き』とぎすまされた直観で『感じ取り』，面接者が相手のことばや態度から感じたことを正直にその場で相手に返し，確かめるという態度でかかわった」と，ソーシャルワーカーの態度について述べている。筆者は「自己を投入すること」がいかに重要であって，いかに厳しく難しいことであるかを日々の援助の中で痛感している。

　10年ほど前，筆者はクライエントから「ソーシャルワーカーの担当を代えてほしい」と言われたことがあった。そのクライエントは，妊娠中絶を繰り返し，事実と異なることや無理難題ばかりをMSWに訴えたクライエントであった。筆者自身は，一生懸命話を聴いていたつもりであったが，上司とのスーパービジョンの中で「このクライエントが苦手でしょう。ちっとも，クライエントの気持ちに向き合っていない」と言われたことがあった。その当時，筆者は「なぜクライエントにこんなつらいことばかり言われるのだろう」「どうやったら，面接を終了できるだろう」と毎日感じていた。自身の気持ちばかりにMSWの目が向いていたことに，敏感なクライエントは気づいていたのであろう。そこには，クライエントを尊敬する姿勢も傾聴もなかったのである。

　A氏の場合も「家族の話を聞かせてほしい」と度々尋ねたが，頑なに話すことはなかった。それはMSWの尋ねた理由が「ホスピスの入院手続き上，必要なこと」という勝手な一方的な理由であったためであった。「どのように生き

ていったらよいかわからない」「母に対してどのような存在でいたらよいかわからない」という本質的な問いを抱えていたA氏に対して，単に〈事務的な手続きとして必要〉な事柄など応えられるはずもなかったのである。その後，A氏とのかかわりの中で，MSWがA氏を「心から理解したい，わかりたい」という思いを伝えた時（第4回面接）から，A氏の態度は明らかに変わり，援助が展開していったのである。

3　臨床社会福祉学のソーシャルワークへの視点

本章の事例の依頼内容は，経済的な問題，今後の療養援助という漠然としたものであった。しかし，いずれの事例も「母との関係を生きられない」「息子との関係をどう生きるか」，関係の中でどう身をおくかをクライエントとともに考えることに共通したニードがあった。対人援助の職は，自分自身を点検することを怠ってはいけない大変厳しい職業である。事例から明らかなように，ことに病いにある人，終末期にある人と向き合う時，援助者に求められるものは，専門的な知識や技術ではなく，死へ向かうプロセスをどのように生きていくか，その過程に寄り添うことにある。援助者は一人の人間として，このクライエントに向き合うために，常にその態度が問われることを認識し，「人が生きる意味」を問い，明らかにする努力をしながら，日々の実践に取り組むことが肝要であろう。

注
(1) 神谷美恵子『ケアへのまなざし』みすず書房，2013年，p.170
(2) 同上書，pp.171-172
(3) 藤井美和「人の苦しみとスピリチュアルペイン―ソーシャルワークの可能性―」ソーシャルワーク研究所編『ソーシャルワーク研究』38巻4号，2013年，p.235
(4) サリヴァン, H. S.（中井久夫・松川周二・秋山剛・宮崎隆吉・野口昌也・山口直彦訳）『精神医学的面接』みすず書房，1986年，p.87
(5) 白石正久『発達をはぐくむ目と心』全国障害者問題研究会，2007年，pp.58-59
(6) 早坂泰次郎「感性と人間関係」日野原重明編『アートとヒューマニティ』中

央法規, 1988 年, p.94
(7) リッチモンド, M. E.（小松源助訳）『ソーシャル・ケース・ワークとは何か』中央法規, 1991 年, p.96
(8) 早坂泰次郎編『現場からの現象学』川島書店, 1999 年, p.47

📖 参考文献

青木嗣夫・松本宏・藤井進『育ちあう子どもたち―京都・与謝の海の理論と実践―』ミネルヴァ書房, 1973 年
足立叡『臨床社会福祉学の基礎研究』学文社, 1996 年
足立叡・佐藤俊一・平岡蕃編『ソーシャル・ケースワーク』中央法規, 1996 年
ヴァン・デン・ベルク, J. H.（早坂泰次郎・田中一彦訳）『人間ひとりひとり』現代社白鳳選書, 1976 年
柏木哲夫『死にゆく人々へのケア―末期患者へのアプローチ―』医学書院, 1978 年
神谷美恵子『人間をみつめて』みすず書房, 1980 年
神谷美恵子『ケアへのまなざし』みすず書房, 2013 年
キューブラー・ロス, E.（川口正吉訳）『死ぬ瞬間』読売新聞社, 1987 年
サリヴァン, H. S.（中井久夫・松川周二・秋山剛・宮崎隆吉・野口昌也・山口直彦訳）『精神医学的面接』みすず書房, 1986 年
白石正久『発達をはぐくむ目と心』全国障害者問題研究会, 2007 年
早坂泰次郎編『〈関係性〉の人間学』川島書店, 1994 年
早坂泰次郎編『現場からの現象学』川島書店, 1999 年
日野原重明編『アートとヒューマニティー』中央法規, 1988 年
藤井美和「人の苦しみとスピリチュアルペイン―ソーシャルワークの可能性―」ソーシャルワーク研究所編『ソーシャルワーク研究』38 巻 4 号, 2013 年, pp.224-238
ブトゥリム, Z. T.（川田誉音訳）『ソーシャルワークとは何か』川島書店, 1986 年
フランクル, V. E.（諸富祥彦監訳）『〈生きる意味〉を求めて』春秋社, 1999 年
フランクル, V. E.（山田邦男・松田美佳訳）『それでも人生にイエスと言う』春秋社, 1993 年
リッチモンド, M. E.（小松源助訳）『ソーシャル・ケース・ワークとは何か』中央法規, 1991 年
米村美奈『臨床ソーシャルワークの援助方法論―人間学的視点からのアプローチ―』みらい, 2006 年

第7章 関係的生としての人間理解と援助

　本章では「人」という存在の理解における3つの視点——「生物的生」「機能的生」「関係的生」——について述べ、「関係的生」への援助の重要性を論ずる。それは一人ひとりの存在そのものを尊ぶ姿勢から可能になる。

　「関係的生」への援助とは、障害など人生の危機を被ることになったその人自身や家族など親しい他者が、「危機」により損なわれた関係性を再発見し、互いの絆を再構築し、自分自身や相手のそこでの居場所や役割を見出すためのかかわりである。

　「援助」とは何か、援助者は常に自分自身のあり方を問い、自身の行為がどのような感情や思いから発しているのか、本当に目の前の相手のためになっているのかを考えていかなくてはならない。心理的にただ同じ目線にするのではなく、相手の痛みを少しでもわかろうとする姿勢で援助を実践していくことが求められる。援助する対象となる相手を尊敬する気持ちが援助者になくては、「関係的生」への援助は遠いものになろう。

第1節　人と社会

1　人にとっての社会

　私たちが生まれてきて最初に接する「他者」は母親であり、家族である。何らかの事情で実母が出産後に亡くなったり、実の家族の元で育てられないこともある。そのような場合に「養育者」という「他者」や〈場〉(「家」や「施設」)で育てられ、育っていく。それがその人にとっての「家族」でもあり、「家

庭」である。

　人の発達を見ていくと，人が初めて身をおく社会は「家族」である。最も身近で自―他の隔てがない状態でのかかわりが母親と乳児のあいだにある。その後成長とともにかかわる社会は広がり，多様になっていく。保育所や幼稚園，小学校，中学校などの教育機関，サークルやアルバイト先，習い事の場，職場，スポーツジム，ご近所さんなど，つながりの自由度や身をおく期間や集団の目的などの異なる様々な集団に属する。そして，それぞれの社会集団の中でかかわる他者も増えていく。また，それぞれの社会にいかに適応していけるか，居心地よくいられるかが，「居やすさ」「居づらさ」や「生きやすさ」「生きづらさ」となっていく。

　「社会」という〈場〉において，多様で流動的な他者との関係（関係性）の中では，人はその場その場での役割と地位を担って生きているのである。

2　「生物的生」とは―個体としての人―

　言うまでもなく，私たち「人」は「生物」であり，「身体」を持ち，「身体」を使い，日々の生活を営んでいる。生命と健康の維持は私たちが自分自身の望む人生や生活を送るために重要な要因である。生きる上での基になる生命と身体，その根本的な大切さを私たちは忘れがちである。健康であること，生きていること自体に感謝することなく生活している。思い通りに手足が動くのがあたりまえであり，病気や事故によってその機能を損なって初めて，自由に動かせることのありがたみを感じるのである。

　たとえば，「歩く」という動作は意識することもなく，自然に足が動く。しかし，歩幅やそれぞれの足を交互に出すタイミング，バランスなど，どれか一つが乱れてもスムーズな歩行はできない。それは普段は全く意識されない。けがをして，病気になって，今までのように歩けなくなった時に，「歩く」という動作が「あたりまえ」ではないことを知る。

　脳梗塞で右上下肢に麻痺が残った30代の女性は，動かせなくなった手足についてこう語っていた。「今まで自分の意のままになり，自分の欲求を満たす

ための役に立つものであった右腕は、ただの重い物体となった」「腕を動かすたびに自分でその腕を身体に添うように動かさなくてはならない」「足は重く、一歩が思うようにならない」。健康であった時にはその存在を意識することはなく、自分のものとして動いていた腕は、動かなくなったことで、馴染みのない、どう扱っていいのかわからない、思い通りにならない「もの」として、その存在が常に意識されるようになる。失ってみて初めて、「健康である」こと、「普通に身体が動く」ことの凄さが実感されるのだろう。自分の身体が思い通りに動かせなくなると自分の身体は対象化され、対象化された身体は自分と一体化していると感じなくなってしまう。その結果、自分と自分の身体は一つのものであったのに、自分と身体がバラバラのものになってしまう。病気や障害によって「生物的生」が脅かされることは、個体としての自分のありようにかかわる課題となる。

　身体機能に支障があるかないか、「健康」であるか否か、病気への抵抗力、体力など、「個体」としての強さは個々人によって異なる。生まれ持っての個人差でもあり、その後の生活の仕方や環境によっても影響を受ける。健康でなければならないということは一概に言えるものではないし、身体機能の優劣が人としての優劣や価値にはならない。しかし、健康で身体機能に支障がないほうが、生活していきやすいことは明白である。健康で丈夫な個体である方が社会の中で、自分の望む生活や人生を送っていきやすいことも一つの事実であろう。

　障害を抱えるということは、健康や身体機能などが奪われる体験である。「生物」としての「生」が損なわれる事態である。そのことに対して、しっかりと医療や福祉がかかわり、援助していくことが、人が人として生きていくために、軽んじられてはならない重要なことである。

3　「機能的生」とは—社会の中で生きることと役割—
(1) 「社会の中で生きる」ということ
　生きていく過程で私たちは様々な「役割」を担い、その役割に沿って生活し

ている。それは自然な行為である場合もあれば，意識して遂行されている場合もある。

　たとえば，8歳の子どもであれば，家庭の中で母親や父親との関係では「子ども」として，学校の中では「生徒」としての姿がある。期待される姿や関係する他者が違うのであるから，自ずとその子が振舞う姿，行動は意識的であれ無意識的であれ異なる。その〈場〉にふさわしいと思う姿を演じ，適した役割行動をとるのである。その子が持つ役割はさらに細かく分化されている。家庭の中でも兄弟との間では「おにいちゃん」として，祖父母とは「孫」としての立場と役割を持つ。さらには「男の子らしい」とか「しっかり者のお兄ちゃん」「やんちゃな孫」というように周囲からの期待や評価による意味合いがつけられ，その子の行動やパーソナリティに影響を及ぼし，その子を形成していく。

　大人であれば，ある一人の人が持つ役割はさらに多様になる。男性であれば，「職業人」として，「夫」として，「父親」として，「息子」として，「義理の息子」として，「叔父」として，地域での野球チームの「選手」として……など年齢を重ねるにつれ役割は増えていき，ある時期から社会的立場の喪失や周囲の人の死などにより役割を失っていく（手放していく）。子どもと同じようにその役割は〈場〉の中でさらに細分化され，かかわる相手によって期待される意味が変わる。そして期待に応じて柔軟に演じ分けることが，「社会人」として「大人」として要求されるのである。

　生きていく過程でその時期ごとに果たす役割は変わったり異なったりする。それは社会の規範から生じるものであったり，生活の場に応じるものであったり，その人自身の生き方や考え方で選び取られるものであったりする。

　「社会の中で生きる」ということは，自分に与えられた役割を果たすということとも言えよう。役割選択と聞くと個人が主体であるようにも思えるが，その選択が社会的にどう評価されるかによって社会の中での居心地や社会適応の可否や質（状態）が決まる。その意味で役割選択は他者（社会）と自己との折り合いの結果であり，「役割を果たす（遂行する）」ということは自己課題となり自己実現にもつながる場合もある。

私たちは人生の過程で常に何らかの「役割」を持ち，日々いくつもの役割を柔軟に使い分け，生活しているのであるが，同時に社会からそのように要求されているのでもある。

(2) 役割を果たすということ

社会に適応し周囲から認められることで私たちは自己効力感を獲得し，自信や自己肯定感を持つ。そしてその〈場〉は私たちにとって居心地の良い場，一つの〈居場所〉となっていく。また一人ひとりが自分の役割を果たすことが，その社会が機能するためにも必要となってもくる。

たとえば学生であれば「学ぶ」ことがその本分として求められ，その成果を何らかの形で社会に還元していくことが，学生としての役割を果たすということであろう。同様に父親，母親にもそれぞれあるべき役割が求められ，各自の役割を果たすことで，家族が一つの社会的集団として機能し，維持されるのである。それぞれの家族がどのように役割分担をしていくかは，それぞれの家族の置かれた状況と家族員の意識や意向により異なるだろう。

家族という集団の中で家族員の誰かが役割を果たさない，もしくは果たせない時，それは家族危機となり，家族ストレスを引き起こす。家族危機は結果として家族崩壊に至ることもある。母親が病気で入院したり，祖父が認知症で介護が必要になった，父親がリストラにあった，娘が不登校になった，など危機的状況は多々ある。それは予期せぬ事態として家族に降りかかる。また夫婦間の不仲，親子関係の行きちがい，嫁姑の折り合いの悪さなど，家族員同士の関係自体が危機的状況の温床となっていることも多い。お互いに相手が期待された役割を果たさない，自分の思う通りの機能を発揮してくれていないという，相手への評価からもたらされる関係の歪み，崩れである。

職場の中で仕事の成果を上げ評価されれば，出世や昇給があり，自分自身も満足感や有能感を得られ，仕事への意欲となる。仕事で成果を上げることは，会社が経営を維持し，利益増や発展のために社員に求める役割(「有能な社員」)であり，会社というシステムの維持と発展のための機能である。

人は生まれてから死に至るまで，家族という社会を始まりとし，様々な社会にかかわり，複数の社会に同時に身をおいて生きていく。そこでは「機能」としてのありようが一つの生の重要なありようであり，多くの人が無意識的に求めているものである。

4　「関係的生」とは―社会で生きることと他者との関係―

　「人間」と表記されるように「人」は「間」（あいだ）の中で生きている。それは「時間」「空間」，そして自分以外の「他者との間」という意味であろう。「他者との間」とは「他者との関係」であり，「関係性」と言える。人は他者とのかかわりなしに生活していくことはできない。

　「人間は社会的存在である」と言われているように，人は社会の中で生きる存在であり，社会の中でしか生きられない存在である。

　現代社会は情報に溢れ，IT化が進み，インターネットを使うことで顔と顔を合わせなくとも情報を手に入れたり，必要なものを購入したり，一人でゲームに興じ一日中過ごすこともできる。生身の関係が薄れてきているとも言えよう。ラインでつながれば，顔を合わすこともなく，相手の生の姿も知らずに情報や娯楽を共有することもできる。お金さえあれば，他者と直接かかわらなくとも生活していける社会でもある。しかしそれは，「対面しない」，つまり直接的なコミュニケーションをとらないで済む（済ましている）ということであって，ネットを介して，本人の意思にかかわらず，社会とかかわっているのである。

　「引きこもり」という状態を考えてみよう。他者との関係を拒否していてもお腹は空く。生物として生命を維持するための当然の欲求である。個室に引きこもり，親に食事を運ばせている状況であれば，飢え死にしないでいられる。生命を維持でき，「生物的生」は保たれる。しかし，そこには顔を合わせなくとも，会話はなくとも，「親」という「他者」の存在があるから，生命を維持できるのである。また「親」とのかかわりを断ち，食事はネット注文で取り寄せ，ネットバンクを使って支払いをして，という方法もあろう。しかしながら，そうであっても注文する店や払込機関がなければ食事をすることは不可能であ

る。そして一つ一つの「取り引き」には「相手」つまり「他者」の存在がある。たとえコンピュータとのやりとりであっても，機械が勝手に注文を聞き，食事を用意し，届けるわけではない。その後ろに生身の「他者」がいるのである。機械に入った注文を受けて食事を作る「人」がいて，それを宅配する「人」がいる。機械を介してのシステムを管理する「人」がいる。私たちは他者とのつながりを皆無にして生活することはできない。「生物」である「人」が生きていけるのは，当事者が意識するしないにかかわらず他者との関係があるからである。

　そして，子どもが引きこもっている時でも子どもは一人で生きているわけではない。その時，親は自分が一人では生きていないことを発見することにもなる。それは子どもの引きこもりから生じる様々な問題は子どもの個人的な問題であるのではなく，親の問題でもあることを意味する。親が子どもの現在の状態をどのように受けとめるかによって子どものありようが変わっていくことにもなる。往々にして引きこもりを子どもの問題とみなしてどのように解決したらよいかを考えがちであるが，子どもだけでなく親が自身の問題としてその課題にどう取り組むかという姿勢が子どものありようや親子の関係に大きな影響を及ぼす。このように私たちの生は「関係的生」という捉え方ができる。

　また別の例で言えば，引きこもりだけでなく，家も学校も自分の居場所と感じられず，自身の存在意味が見出せない子どもたちがいる。彼らの周囲には親もいるし同級生もいる。しかし日常ではパターン化された接触しかなく，そこに他者とともにいるという実感はなく，一人で孤独な世界に生きている。この場合には，自分の居場所を見出すという視点からの援助が考えられる。そのためには，人とのかかわりの中で自分の存在意味を感じられることが必要であり，自分の周りにいる親や先生や友達と直接触れ合うことで自分が一人ぼっちではないと感じられることが出発点になる。居場所というのは単なる物理的な場所を指すのではなく，他者とともにいられる体験を指しているのである。

　このように人という存在は関係の中で生きる（生かされている）存在である。

第2節 「危機」と支援

1 「人」を捉える3つの視点

「私」という存在は取りもなおさず，一つの生命であり，「生物」である。その「生物」である「私」は日々の生活の中で社会システムの一つとして役割を担う「機能」でもある。そして他者との関係の中に身をおき他者とともに生きている存在である。それは，人が「関係性の中で生きる」，さらには「関係性の中で生かされている」ということを意味している。

第1節で述べてきたように，人は生物であり，社会的存在として役割を果たす存在であり，人とのつながりの中で生きる存在である。ここにおいて人は，「生物的生」「機能的生」「関係的生」という3つの視点で捉えることができる。

2 3つの視点から捉えた「危機」

この世に生を受けてから死に至るまで，私たちは一人ひとりさまざまな人生を歩む。その人自身が好むと好まざるとにかかわらず，誰しも自分の人生から逃れることはできない。

生きていく中で突然の危機を体験することがある。たとえば，事故や病気は私たちが生物として生きていくことを脅かす。それは生物体としての私たちの危機であり，適切な医療の介入が「危機」を救う。その際に医学は「人」を純粋に「生物」として捉え（対象化し），かかわる。医学的見地から最も必要かつ適切な対処を行う。そこにあるのは「生物的生」という視点である。「生物的生」の危機は「機能的生」や「関係的生」の危機として捉えることができるし，捉えていくことが人を「生物体」としてのみでなく，「存在としての人」を支えようとするために必要な視点である。

たとえば，脳梗塞で身体に麻痺が残り，職を失うことになった男性が失ったものは，「自分の足で歩く」という身体機能（「生物的生」の損失）だけでなく，「職業人」「父親」という役割や地位も失うことになるかもしれない。職場から期待されている職務や，同僚や上司，部下との関係，家庭での父親としての役

割や家族との関係など様々な「危機」が生じることも多い。それは「機能的生」の危機であり、さらには「関係的生」の危機となり、苦しみともなる。

「生物的生」の危機に陥った時に私たちは命の危険や機能を損なうことへの不安を感じているだけではない。今まで通りの身体ではなくなるのではないかという不安は、今まで通りの生活ができるだろうかという不安であり、今まで通りの自分で生きられるかという不安を伴う。それは、生活能力を失う、損なう危機感、つまり家族や学校、職場など、その人が生きている社会というシステムの中でうまく機能できなくなる状態(それは時として「食べていけなくなる」状態を招き、生活自体の危機になる)への危機感である。自らや周囲の人が望むような「機能的生」の回復が期待できなくなった時に私たちは、「今までともに生活してきた、ともに生きてきた他者と生きられるだろうか」という危機感に襲われ、絶望感を持ち、苦悩することになる。このように「関係的生」への不安は時として深い苦悩となり、絶望感となる。

子どもが一人立ちした時に母親が自分の母親としての役割や家族の中での存在意義を見失い、自身の存在価値がなくなったように感じ、鬱状態に陥ることがある。それは「機能的生」や「関係的生」の「危機」が「生物的生」の「危機」を生じさせた状態である。

つまり、「生物的生」「機能的生」「関係的生」のありようは相互に影響しあい、私たちの「生きる」ありようにかかわっている。この3つの視点があることを忘れずに援助にかかわっていくことが、その人を見ての援助となる。

3 「関係的生」への援助
(1) 「危機」への介入―援助とは

前述したように生きていく中でそれぞれの次元での「生」が「危機」に陥ることがある。それは突然のできごとである。

事故や病気で生命が危うくなることがある。その際には適切な「医療」の介入が「危機」を救う。介入の失敗は「死」につながる。

家族という最小単位の社会も含め、私たちが所属する社会の中で生じる「機

能的生」の「危機」は多種多様である。社会的な要因（不況や災害など）から引き起こされる場合もあれば，個人的な要因（障害を抱える，自己破産，対人トラブルなど）から今まで通りに生活できなくなる場合もある。事故や病気により身体的機能が損なわれた場合，治療とともに機能回復訓練が始まる。障害年金などの経済的な援助がなされる。

　また，社会的弱者という立場におかれた人に対し，社会福祉サービスにより生活への援助がなされる。高齢者には「老人福祉法」や「介護保険法」，障害者には「障害者総合支援法」，経済的困窮者には「生活保護法」というようにサービス提供のための制度があり，専門職が配置され，生活を維持していくための援助が主となっている。

　しかし，制度やサービスをあてはめて援助をしていくだけでは解決することのできない課題がある。多くのものを失ったことで「生物的生」と「機能的生」を失うだけではなく，自分の存在価値を見失う人がいる。そうした時に，「家族とともに生きる」「社会の一員として認められて生きていく」，このことを実感する時間を共有できることが「自分の居場所」となる。

(2) 関係からの排除―「関係的生」の喪失

　しかしながら，現実には職場や家族の中でそれまでの役割を失った人，役割を果たせなくなった人，つまり「機能的生」を損なった人とその周囲のかかわりの深い他者との関係は壊れやすい。そしてその人の「生きる意味」も見出しにくく，「社会」から排除されていくことが少なくない。

　このことをいくつかの事例から考えていきたい。なお以下の事例は特定の「誰か」によるものではない。複数の方々から共通する大筋をまとめたものである。

　　Aさんは某有名企業の課長職にあった。40歳代の働き盛りの年齢で，連日の残業，休日出勤と，典型的な「会社人間」であった。妻は専業主婦で家庭のことや子育ては妻の役割となっていた。Aさんが脳梗塞で倒れ，

退院後も移動や食事など日常生活に介助が必要な状態になった。妻は退院時に引き取りを拒否し，離婚を申し立てた。「今まで仕事ばかりで家族のことは全く顧みてくれなかった。働けない夫では経済的にもやっていけない」という言い分であった。夫婦間の問題であり，その関係に援助者が立ち入ることは難しく退院後の居場所をどうするかという面での援助に終始した。

　Ｂさんは出産時トラブルで子どもは無事であったが，左上肢に軽い麻痺と高次脳機能障害が残った。家事や育児が困難になっただけでなく，精神的にも不安定になり鬱症状もみられた。夫は戸惑い，理解できない症状に苛立ちながらも，Ｂさんの母親の協力とリハビリテーションスタッフの指導と援助を受け，Ｂさんとの生活を維持していった。その後Ｂさんは母親や夫に助けられながら，自分なりのやり方でゆっくりと家事や育児をこなしていき，できることも増えていった。スタッフは定期的に自宅訪問や外来時にＢさんや家族の話を聞き，具体的に家事などの工夫の仕方を指導していった。時間とともに夫もＢさんの状態を受け入れられるようになり，またＢさんの家族の中での立場も「主婦」「妻」「母親」として安定してきた。

　Ｃさんは70歳を過ぎてから鬱的になり，金銭面での不安を訴え，作話や財布の置き忘れが頻繁になった。息子夫婦が医療機関を受診させ，軽度の認知症と診断された。しかし，一時期症状が進み夫婦間の関係も悪化し，ヘルパーやデイケアを利用することになった。最初はデイケアに行くことも嫌がっていたが，次第に通うことが日課となっていった。Ｃさんがデイケアに通うようになり，夫のイライラも軽減され，夫が洗濯など家事を担うようになり，高齢者二人の生活も落ち着いていった。ヘルパーは訪問時にＣさんや夫に明るく話しかけている。ヘルパーを頼み，デイケアを利用することで息子夫婦の負担も軽減し，親夫婦との関係も落ち着いていった。息子夫婦との関係が落ち着いたことで，Ｃさんの精神状態も安定していった。

　Ｄさん夫婦の子どもは重度の障害を抱えており，特別支援学校に通って

> いる。「将来この子がどうなるのかは見通しが立たない。でも親だから育
> てていくのがあたりまえ」と言う。近くに親族はおらず，放課後はデイサ
> ービスを利用したり，時には妻が仕事を休み，夫婦二人で育てている。

　Aさんは身体機能の損失だけでなく，家族とのつながりを失った。「関係的生」の喪失である。Bさんは身体機能の損失と生活上の不自由さは残ったが，家族の中での立場は失わずに済み（新たな関係として取り戻し），彼女なりのやり方で家族の理解と助けを受けながら生活している。家族の一員として，母親として，妻としての立場と居場所がある。スタッフの援助，家族の理解や協力，Bさん自身の機能回復への意欲と努力があり，家族の中での役割を維持することができ，家族との関係も再構築された。Cさんにはヘルパーやデイケアのスタッフとのかかわりがあり，Cさん自身の精神状態が安定し，それによって夫の不安や苛立ちも軽減し，夫婦関係が修復した。日々の細かな衝突はありながらも，夫婦が「ともに生きている」暮らしを取り戻した。主婦としての役割は果たすことができないが，夫との新たな関係に居場所がある。Dさん夫婦のつながりは強く，家族のきずなも深い。しかし他者の援助の手は薄く，夫婦だけで手一杯になった時に家族の危機が起こりうる。そうなる前に人的な援助が必要である。他者が二人の心のつらさにより添い，社会からの疎外感，孤独感を感じないでいられるようにかかわっていかなくてはならない。それはDさん夫婦の「関係的生」に目を向け，援助するということである。

(3) 関係性の再発見

　今までの立場や役割をなくした人に，最後に残るのは人と人との関係である。誰かとともに生きているという実感を引き出すことや関係性を再発見していくことが「関係的生」への援助であり，人が「人としてある」ことを支える。そして関係性の再発見はその人がそこにいることの意味が見出せることである。
　たとえば「家族がともに生活する」ということは生計をともにすることだけ

ではない。心のつながりがあり，家庭という〈場〉で一緒に暮らしていきたいという気持ちが家族員相互にあってのことである。家族の関係を再構築していくようにかかわっていくことが大事な援助である。それは関係性の再発見とも言えよう。

しかし，関係の修復はたやすいものではないし，他者が代わりに新たな価値を見出すこともできない。援助者は，家族や身近な人の不安やストレスを受けとめ，現状に新たな視点が持てるようにその人の心の声を「聴く」ことや，家族員が互いの存在を大切なものであると思えるようになるまでそれぞれの人が抱える「つらさ」に付き合っていくことではないだろうか。

援助者自身が今までの役割や地位をなくした人に対して「その人がそこにいるだけでいい」と感じたり思えるような視点や気づきを持つことができたなら，家族が現状の中に新たな意味や価値を見出す（気づく）ためのかかわりが可能になるだろう。それが援助者の援助者たる資質であり必要な能力であると思う。援助者は援助を「与える」者ではなく，「危機」を「ともに生きる」者でなくてはならないだろう。介護疲れや経済的な不安からのストレス，家族崩壊，自死など社会的な「危機」に対し，経済的な援助や人的な援助，相談できる場所と専門職の充実などに，社会として取り組んでいくことが必要であろう。また家族や身近な人が不安なく落ち着いてかかわっていける時間を充分に持てるようにしていくことが，「危機」を抱える人や周囲の人との関係を保つために必要である。

「関係的生」とは，「人は他者との関係の中で生きている存在である」という視点を持つ。職業人として，家族の一員として，求められる役割を果たしながら生活していこうとしても，さまざまな挫折や喪失により求められる役割を担うことができなくなることもある。人が常に有能な「機能としての人」（機能的生）として生きていくことは難しく，限界がある。そうなったとしても，今まで一緒に生きてきた他者，家族や友人，同僚などとともに居られること，その関係が続いていくことが望まれる。失うものがあっても損なうものがあっても，そこに居られる関係が人を生かす。

精神科医である北山修は,「包容力」という言葉に触れ,自身がセラピストとして健康であるためには,二者間内交流を取り結ぶ環境,パートナーや家族に恵まれていることが必要であるという。「包容力」(「抱え,包み込む」力)のある環境がセラピストとして機能していくことを支えてきたと言っている。「関係的生」を支えることは,「機能的生」を支えることでもあり,何らかの役割を新しい関係の中で取得することが「関係的生」を再発見することにもつながる。このように「関係的生」のありようが「機能的生」のありようを支えもし損なうことにもなるのである。

第3節 「存在としての人」─援助の本質─

1 生きる意味

(1) life という言葉

日常生活の中には,ライフワーク,ライフジャケット,ライフサーバー,カントリーライフ,ライフコース,ライフスタイル,ライフステージ,ライフスパン,ライフサイクルなど「ライフ」とつく様々な言葉がある。life と英語では1単語であるが,日本語では多くの訳語が用いられる。大きくは「生命」「生活」「人生」という3分類であろうが,「生」「生物」「寿命」と訳されることもある。その文脈により使い分けられる。

QOL という言葉がある。一般的には「生活の質」と訳されている。「その人にとってより良い生活」「満足感,充足感のある生活」が大切であるという意識を表した言葉である。

しかし life の意味を考えると,QOL とは「生活の質」を指し示すだけでなく,「(生)命の質」や「人生の質」も含んだ言葉であろう。

「生きる」ことを論じることは「生命(いのち)」「生活」「人生」を論じることでもある。そして「生きる」ことは,この世に生を受けることから始まる。

(2) 存在そのものの価値

　過去のできごとを変えることはできない。また死は誰にも訪れる。私たちの人生に起こったことは修復も取り消しもできない一回限りの事実である。しかしその事実の意味合いは，起こったできごとをどのように受けとめ理解するかにより異なってくる。どのように解釈するかのちがいが，〈いま〉の態度と〈これから〉の歩みを左右する。

　生きるとは，自分自身の人生に責任を持つことであり，運命を引き受けることであり，その中でより主体的に人生の最後まで「生き抜く」ことが価値ある仕事なのではないだろうか。生きることが困難であればあるほど，制約が大きければ大きいほど，苦悩が深いほど，果たした仕事は大きいと言えるのではないだろうか。

　植物人間状態の人や自己決定できない重度の障害を抱えた人の状態は，主体的に生きているとは言えないかもしれない。しかし，たとえその人からの主体的意志を他者が感じ取ることができない状態であったとしても，その姿は他者に何かを伝えている。命の尊さであるかもしれない。生きることの苦しみであるかもしれない。ベッドサイドに立つ人に無言で「生きる」ことの意味を問いかけている。かかわる人のその生きる姿を映し出しているのではないだろうか。

　生まれて間もなく死んでいく運命にあった子どもの人生の意味をどう考えるのかという問いもあろう。日野原重明は，「いのち」とは，自分が使うことのできる時間であるという。生きるとはその時間をどのように使うかであるという。生まれて，充分に生きる時間を持てずに死んでいった子どもは，その子の主体的意志ではなくとも，与えられた時間を「生きる」ために真摯に使い切ったのではないか。この姿もやはり人生からの問いへ答える存在としてのあり方であろう。

　「生きている」姿自体にその人の人としての尊厳とその人生の意味があるのではないだろうか。フランクル（Frankl, V. E.）が言うように「生きる」ことそのものが，「運命」を引き受けるという形での人生からの問いへの応え方であるからである。人の存在そのものが価値あるものなのである。

2 「存在としての人」を尊ぶ

　人は誰しも他に代替のきかない独自の「存在」である。しかし，その唯一無二の相手にかかわる時，私たちが今かかわっている相手をどのような視点で見ているかは，一人ひとり異なるし，同じ個人においても場合や相手によって異なる。

　たとえば，仕事で利益を得ることを目的とするプロジェクトチームでは，人は目標を達成するための能力が重視される。その仕事でその人に要求される「機能」を持っているかが見られるのである。無論その人間性も測られるが，そこでは，「能力」「人間性」が目的を遂行するための「要素」として，仕事の成功という目的に対して有効かが判断されるのである。親子の関係を見ても，健康に生まれてきたことだけで充分と感じていた親が，子どもの成長につれ，「人並みに」「人以上に」できるようになることを期待し，その子の「存在」のみでは子どもを認められなくなるようになり，成功という機能重視の関係になっていったりする。事故や病気で家族が障害を受けた場合も，生命が助かることだけ，つまり，家族員の「存在」自体の存続を願っていた時期が過ぎると，機能の回復に左右され，「存在」自体よりも「機能的に自立した存在」になってほしいと願い，「存在」だけでは満足できなくなることがある。

　人と人との関係の中で機能的であることを願ったり，機能的であるように働きかけることも自然な関係であり，人が社会で生き，生活していくために「機能的」であることは必要である。しかし，機能が損なわれたからといって人の生きる意味もなくなってしまうのだろうか。「機能的生」を損った時に逆に私たちのありようがはっきりする。自分の一部がなくなったことによって自分がなくなったという勘違いをしてしまう。人を丸ごとの存在(wholeness)として見るか，要素の集まった集合体(totality)として見るかの違いは大きい。教育方法や医療技術の面で，人を能力や身体部位に注目して「要素」単位で捉えていくことが必要なこともある。ただそれを臨床に生かす時に，相手が丸ごとの存在(wholeness)であり，その存在自体にかかわっていくのだという意識があるかないかの違いは，相手をものとして見るか，「かけがえのない人」として見

るかの違いとなる。

　年齢を重ねるにつれ，人は「老化」し，機能が「低下」していく。誕生してから「獲得」してきた能力を「喪失」していくのである。生まれたばかりの乳児もまた「無力」な存在である。「機能的生」から捉えたならば，両者の「生」の意味は薄れるだろう。しかし，両者は「そこにいる」だけで充分な意味がある。

　乳児の笑顔が周囲の人を和ませ，子育ての中で喜びを分かち合う。高齢者がいることで家族がまとまり，緩やかな規範と先人の知恵が受け継がれていく。

　誰にでも「老い」は訪れる。「機能」を失うことは誰にでも起こる。「機能としての人」という視点でのみ人としての価値を見ていては，息苦しくなるだけである。一人ひとりの存在そのものを尊び，丸ごとの存在(wholeness)として受け入れ合っていくことが大切であろう。そして，そのような視点が「生物としての人」(生物的生)や「機能としての人」(機能的生)を尊ぶことにもつながる。

　人という存在は丸ごとの存在(wholeness)であり，その生きている世界との関係性を切り離して理解されるものではない。「生きる」こと自体に価値があり，人は喪失の中に生き抜く力を持っている。絶望の中に希望を見出す力を持っている。「関係的生」を支えていくことは，人の「生きる力」を支えることである。

参考文献

足立叡『臨床社会福祉学の基礎研究』学文社，1996年
北山修『最後の授業―心をみる人たちへ―』みすず書房，2010年
木村登紀子『つながりあう「いのち」の心理臨床―患者と家族の理解とケアのために―』新曜社，2009年
関谷眞澄『障害との共存―精神障害を抱える人とのライフストーリー・インタビューからの考察―』淑徳大学大学院博士学位論文，2010年
関谷眞澄『障害との共存―精神障害を抱えて生きる―』クオリティケア，2013年
日野原重明・星野富弘『たった一度の人生だから』いのちのことば社フォレストブックス，2006年
フランクル，V. E.(山田邦男・松田美佳訳)『それでも人生にイエスと言う』春秋社，1993年
フランクル，V. E.(諸富祥彦監訳)『〈生きる意味〉を求めて』春秋社，1999年

フランクル, V. E.（山田邦男・松田美佳訳）『苦悩する人間』春秋社，2004 年
山田邦男『苦しみの中でこそ，あなたは輝く　フランクル人生論』PHP 研究所，
　2009 年

第8章 社会開発を生み出す実践

　社会福祉における制度や政策が多様化している中，生活上での問題を抱えている人々への援助であるはずの制度・政策が，その運用にのみ視点が注がれ，生きた人への本来の援助につながっていないのではないだろうか。「社会福祉法」第4条「地域福祉の推進」にも見て取れるように，近年地域福祉がクローズアップされているが，そもそも地域とは「地理的空間」としてのみならず，そこで生活をする人々のかかわりから生まれる「関係的空間」としての地域が求められているのではなかろうかと考える。人と人とのかかわりから地域になっていくのであり，そのかかわりを生み出していくことが「社会開発」と言えよう。

　本章では，地域福祉の推進を目的とする団体である，社会福祉協議会（以下，社協とする）の活動の一つの小地域福祉活動を例に挙げ，「関係的空間」としての地域になっていくことの基礎が人間関係であり，その関係を築いていくプロセスが臨床社会福祉学の視点であることを明らかにしたい。

第1節　現代社会における制度・政策への問いと社会開発

1　「制度における人間」から「人間における制度」へ

　今日の社会において，高齢者や障害者・低所得者などの社会的援助を必要とする人々に対する社会福祉制度・政策を考える際，社会を有機的な個人の集合体であるとみなし，その集合体の基である個人を社会福祉制度・政策のシステムの対象者と捉えることで，いかに合理的に制度・政策が遂行できるかに焦点を当てるのが一般的である。また，同じように，一人ひとりの個人が社会や組

織を維持することを目的とする，有機的に機能させる個体として捉えられている傾向があることも否定できない。制度・政策はあくまで万人の最大公約数を基準としており，一人ひとりの生活者の視点から規定されたものではないからである。

　本来，社会福祉や医療などにおける社会的援助を必要とする人々の生活問題は，「一人ひとりの人間」から始まっており，問題解決の結果のみならず援助者とクライエントのかかわりにおける「援助プロセス」が大切である。しかし，制度・政策における援助を受けることによって，問題が解決してしまうかの如くに捉えられている場面によく出くわす。制度のみに視点が移り，本来援助すべき人間がなおざりにされていることが多々あるのではないか。同時に，一人ひとりを援助するための「人間における制度」であるはずの制度が，人を援助することより制度を遵守し，制度の運用が優先になって，結局「制度における人間」となってしまい，人が制度へ合わせることが目的となっている現実がある。併せて，そこには制度と人の関係はあるが，その制度を利用している人と制度を持って援助する援助者，またそのクライエントにかかわる人々との直接的な人間関係の視点が，希薄化しているのではないだろうか。しかし，そのような現実の動きの中でも，直接社会的援助を必要とする人々に携わっている社会福祉の現業の人々は「一人ひとり違った人，個々に必要な援助とは」「一人ひとりの個人を大切にすることとは」といった直接の対人援助であるからこそ生まれる，素朴な疑問が湧いて出るであろう。本来はその疑問を具体的な援助の場面に反映させるべく，試行錯誤を繰り返してはいるのであろうが，結局「制度や政策とは，本来そんなものだ」「個人は社会の集合体の一部であるから仕方ない」といった現状に身を委ね，日々を送ってしまっている援助者が多くいることも現実であろう。

2　「人間における制度」への指針としての社会開発

　このような中で，私たちが制度・政策を機能という視点からではなく，社会的援助を必要とする一人の人における制度・政策として捉えなおす。いわば「制

度における人間」から「人間における制度」への転換を目指そうとする時，一つの指針になるのが，淑徳大学の学祖，長谷川良信の「宗教・社会福祉・教育の三位一体による人間開発・社会開発」という言葉の中の「社会開発」であろう。ここで言う「社会開発」とは，淑徳大学の建学の精神である「大乗仏教の精神」に基づくものであり，長谷川が生涯をかけて提唱した教育，研究活動の実践的理念の一つでもある。その「大乗仏教の精神」とは「理想的な国家社会の建設と真実な人間の形成とを志向するものであって，しかも両者は表裏一体をなしている。およそ人間は社会と断絶した単なる個人として存在しているのではなく，個々人の関連協力のもとに存在しており，その総体ないし全体として社会を形成している」[1]。言うなれば，社会は一人ひとりの人からできており，その社会を良くするためには，一人を大切にし，一人とのかかわりを大切に生きていくことから始まると言っても良かろう。まさにマザー・テレサ(Mother Teresa)が遺した「大海も一滴の滴から」という言葉と相通じるものがある。

この章では社協という，地域福祉の推進を目的とする団体の事例をもとに，社会開発を生み出す実践として，人へのかかわりから生まれる社会的援助を人間関係学の視点から考えてみたい。

第2節 集合としての地域から，かかわりからの地域へ

1 地域の捉え方

2000(平成12)年に制定された「社会福祉法」は，クライエントの立場に立った社会福祉制度の構築を図り，サービスの質の向上，社会福祉の事業の充実・活性化，そして地域福祉の推進と4つの柱が掲げられた。この4つ目の地域福祉の推進は，第4条に規定されているのであるが，地域福祉の推進を考える時「地域とは何か」ということを検証してみることが必要だろう。

一般的に地域と考えた時，「○○市○○町○丁目」とか「○○自治会」「○○町会」といった，「○○から○○までの土地の範囲」を示す，行政的に区分された「地理的空間としての地域」をイメージすることが多い。たしかに地理的

空間としての地域も一般的に地域と言われているが，地域にはもう一つ，人と人とのかかわりとしての地域，つまり「関係的空間としての地域」がある。たとえば，○○町○丁目に40階建て400世帯の入居している高層マンションがあるとしよう。そのマンションはセキュリティが厳しく，マンション住民以外は建物に立ち入ることはできない上，マンション住民でさえ自分が住んでいる階以外には立ち入れない。そうなると同じフロアの住民としかかわることができなくなる。同じフロアの住民とかかわりがあればまだ良いが，誰とも付き合おうと思わなければ，全くかかわることがなくなってしまうのである。果たしてこのように「他者との関係の薄い（ない）人の集団」を地域と呼べるであろうか。同じ空間であってもそこに住んでいる人々がかかわり合ってこその地域といえよう。しかし現在の大都市では，まさに「人の集合（ただ集中・集まった人の集団）としての地域」があたりまえとなりつつある。

2　かかわりからの地域

　私たちが生き生活しているのは，他者とのかかわり合いからであり，よく人は一人では生きられないと言われるが，「人間はほんとうはもともと一人では生きていない[2]」のであり，「かかわりからの地域」の中において生きられるのである。けれども前述のとおり，人の個人化，関係の希薄化が進むにつれ「かかわりからの地域」がどんどん「集合としての地域」になってきているのが現状である。社会福祉法に地域福祉の推進が規定される所以がここにあると言えよう。

　そこで改めて大切になってくるのが，長谷川の建学の精神の一つである「社会開発」である。次節では，社協の事業の一つである「小地域福祉活動」を「制度」としての事業だけではなく，住民同士の「かかわりからの地域」という視点から，その活動プロセスが個人と地域，いわば個人と社会をつなぐ「社会開発」となっていくことを検証してみたい。

第3節　社会福祉協議会における小地域福祉活動

1　小地域福祉活動の目的

　社協は,「社会福祉法」第109条・110条・111条に規定された「地域福祉の推進を図ることを目的とする団体」であり,日常生活自立支援事業や生活福祉資金貸付事業,ボランティアや在宅福祉サービスなどの各種事業を展開している。この社協の基本的な活動の一つに小地域福祉活動がある。小地域福祉活動とは住民同士の地域での支えあい活動であり,社協による地域住民の組織化,人と人とのネットワーク化の推進,あいさつや声かけ活動などの実践である。近年,地域住民同士の関係の希薄化が叫ばれている中でクローズアップされている社協事業である。この小地域福祉活動は,ややもすると社協の事業として制度化・システム化された活動になっている傾向がありはしないかと危惧される。

　本来は地域住民一人ひとりがつながり,支え合うことが目的である。そこで重要となってくるのが,地域住民同士のかかわりを通した気持ちの交流である。この住民同士のお互いが助け合ってかかわり合うことによって,地域になっていくプロセスが,まさに地域福祉の推進といえるであろう。

　以下は,筆者が小地域福祉活動を実践している住民KさんとSさんに対して行ったインタビューでの声である。なお,[　]は筆者による補足である。

2　活動の実践から

　ちょっと前に大きな地震があった。その時,私はすぐに近くに住む一人暮らしのおばあさんのところに駆けつけてみたのだが,行ってみたら自宅のガスが止まっており,そのおばあさんは「このガスを直すのに,どうしたらよいのかわからない」とおっしゃっていた。ガスは[外部センサーの]復旧ボタンを押すだけで直るのだが,やはり高齢の方にはわからなかった

> ようだ。復旧ボタンを押したところガスが元通りに点き，とても喜ばれた。今回はこの方の家が近くだったから［また今までも何度か訪問に行っていて顔見知りだったから］すぐに行けたのだが，もしも訪問など何もしていなかったら，緊急時に近くてもとても行けなかったと思う。

　この事例は，Kさんがこれまでの訪問活動がなかったら，どんな災害があっても訪問することは簡単にはできなかっただろうことを示している。Kさんにとっても訪問活動の意義を実感できたようだ。訪問活動を通じての日頃の声かけがなかったならば，近所で顔見知りであっても，地震後などのいざという時にすぐに自宅へ訪問することは難しいだろう。緊急時にこそ，「声かけ活動」を日常的に行ってきたかかわりが活かされるのだといえる。こうした活動を通してKさんは，一人暮らし高齢者を訪問することによって，かかわりを持とうとしている。具体的に「何か」をするためのかかわりでなく，かかわりを作ることが目的である。「何か」を行うための手段としてのかかわりではない。そのかかわりがあったからこそ，この時のような地震が起きた時に，ガスを直すことができたわけである。ガスを直した結果として喜んでもらえた。最初からガスを直すためにかかわりを作ろうとしていた訳ではない。結果として喜んでもらえたという「かかわりから生まれた喜び」「人の役に立っている」という気持ちがKさんの活動の「原動力」になっているのではないだろうか。
　初めは住民の訪問を好意的に受け入れない人もいるが，日々の積み重ねがつながりを生んでいく。住民の訪問を好意的に受け入れてくれる人ばかりではなかったそうである。Sさんの話によると，次のような方がいた。

> 　ある近所の高齢者夫婦の世帯は，最初私たちが訪問をしても会ってくれなかったし，会うことを拒否された。当初はその夫婦はお二人とも人と話をすること自体を嫌がっていた感じがあった。けれど，ある時訪問をした

ら奥さんが「うちの主人なんだかおかしいのよ。トイレに入って出てこないのよ」と話されたので，「様子がおかしいのなら早く救急車を呼んで」と話したのだが，「でも，息子に聞いてからでなくちゃ」と躊躇している。私たちは［急を要することと思ったので］すぐに救急車を呼んで，病院に連れて行った。［Ｓさんが思っていた通り］やはり脳梗塞だった。［入院後退院され］今は大分元気になられたようだ。その後は［訪問すると］話もされるようになったし，明るくなられた感じがする。

　また，近くに住むＡさんという男性の方は，近所づきあいはないし，笑った顔を見たことがない人だった。そのＡさんが何度か訪問をしていくうちに変わってきたように思う。それも結構訪問を始めた早い時期だった。今では道で出会って「散歩ですか」と話しかけたら，「ええ，散歩ですよ」とちゃんと受け答えされるし，最近は長寿会［老人会］の行事にも参加されるようになったと聞く。随分変わられたと思う。

そして，Ｓさんも活動に対する思いを，こう語られた。

　初めは私でもお役に立てるのかなと思っていた。社協の職員の方から［小地域福祉活動として一人暮らし世帯や高齢者世帯への］「声かけを始めてみないか」と言われたのですが「ただの声かけ」って最初は思った。でも最近やっと「声かけ」の大切さがわかった気がします。また声をかける時もただ声をかければ良いというものではないのだ。やはり気持ちが届かなければ伝わらないと思う。まっすぐ眼を見て，眼の高さで話をしないとやはり気持ちは通じないと感じている。

小地域福祉活動に携わる住民のインタビューを通して考えてみると，この「声

かけ活動」は最初は社協活動として「不特定多数の住民を対象とした，一般化された」声かけ活動であったが，あいさつを交わしていく中で住民同士にかかわりができていき，小地域福祉活動としての声かけをする人と声をかけられる人という関係から，「どこのAさん」「どこのBさん」という顔の見える関係に変わってきているといえよう。そのことは本来，社協活動としての声かけ活動は，実際には，一人ひとりのかかわりから作り上げられる関係でなければならない。しかし，ややもすると地域での生活のしづらさを感じている「一人ひとり」のためのかかわりではなく，「不特定多数の住民を対象とした，一般化された」かかわりとなっている。個人と個人との関係としてのかかわりになるためには，どうしたらよいのかという視点が欠けていることがわかる。さらに言えば，社協のかかわり（小地域福祉活動）が一人ひとりが生きていくことをバックアップする活動だとすれば，そうした社協の側からの「制度としての」かかわり作りに止まるものではない。それは「関係としてのかかわり」のための第一歩に過ぎない。そうなってしまった理由は，社協が「制度としての」かかわり作りが機能することで本来の「かかわり」が生まれていると勘違いしているからであろう。本来大切なのは，それまでの社協が事業として提唱するいわば「制度としてのかかわり」ではなく，住民同士が「ともに生きる者同士としてのかかわり」ではなかろうか。

　また，KさんやSさんが相手とのかかわり自体を大切にしようとするその態度が，一人暮らしの高齢者や高齢者世帯の人の気持ちを動かし，あいさつを初めとした他者へのかかわりを持つように変わっていった。Sさんは声かけの相手が変わっていくと同時に，声をかける自分たちも変わってきたことを語っている。

　声かけ活動をされる人も，できることとできないこと，また得手不得手もある。やはりその人の不得手なことをお願いしてもできない。だからなるべくその人の得意なことをお願いするようにすると喜んでやってくれる。

自分も活動がやりやすいし相手の人にも喜ばれる。その結果，人のため，町のために自分が役立っているということを感じた時は，とてもよい顔をされている。そしてまた，[私も含めて]次もがんばろうという気持ちになっているようだ。このように[自分の得意なことをしていくように]活動が続いていくと，活動をしている方が，皆さん穏やかになっているような感じがする。地域に対しても人に対しても。これまでよりも柔軟な考え方をするようになっているように思える。[見守りや声かけ]活動をするまでは，自分の考えだけしか話すことのなかった人が，他の人の話を聞くことができるようになっていた。また他人のことをけなしてばかりいる人がいたのだが，その人も，活動しながらいろいろな人とかかわり，話を聞くなどしているうちに，他人をけなすことがだんだんなくなってきたように思える。活動を通して自身の考え方も変わってくるのだなと実感した。このことは活動が続いていく中で感じたことなのだが，とても良かったと思うことであった。

3 かかわりとしての小地域福祉活動

この活動を通し地域住民としてこの「声かけ」を始められた方々は，住民同士のつながりがなかった関係から，顔の見える関係に変わってきている。そして「声をかける時もただ声をかければよいというものではないのだ。やはり気持ちが届かなければ伝わらないと思う」と言われるように，単に儀礼的な役割としてかかわるのではなく，「気持ち」を相手に伝えることを大切にしている。だからこそ，先に紹介した今まで他者とのかかわりが希薄だったAさんも，この方の気持ちのこもった声かけに気持ちが動き，あいさつをされるようになっただけでなく，他者へのかかわりの態度にも変化が出たのではないであろうか。このことはKさん，Sさんが社協の声かけ活動として行う役割のみならず，ともに暮らす地域の住民同士で，自らの気持ちを開いてかかわったからこそ相手も変わってきたといえよう。20世紀最大の哲学者と言われたブーバー（Buber,

M.)と「クライエント中心療法」でも知られる心理学者ロジャース(Rogers, C. R.)との有名な「対話」の中で,次のようなことが語られている。「自分が相手によって変えられるということに私が開かれているのでなければ,相手を変えたいなどと望む権利はないのだと感じています。(中略)何かが変えられることが可能なのです。相手からの接触,相手との触れ合いが,多かれ少なかれ,何かを変えることができるのです」[3]。

「小地域福祉活動」でかかわった一人暮らし高齢者にとって,今まで知らなかった他者と新たにかかわることによって,一人で暮らしていながらも「一人ではないわたし」に気づいた。他者との関係が重要であることがわかり,人とかかわり自宅で暮らすことで,他者との豊かな関係の中で生きたいといっそう強く感じることになった。またその一方で,「声かけ活動」や「見守り活動」を行ってきた人たちも,一人暮らし高齢者との関係の中でかかわり方が変わっていった。「小地域福祉活動」を始めた当初は,活動をしてきた人たちは「してあげる」という社協の「制度としての関係」に止まっていたかもしれないが,一人暮らし高齢者との関係の中で,自らの活動が高齢者のために多少とも役立っているということを実感して,一人暮らし高齢者とのかかわりの中で,「ともに生きている」という関係に気づいていった。この「ともに生きている」という実感は,「共生」とも言うことができよう。

また,小地域福祉活動を提唱してきたこの地区の社協側からみても,単なる社協事業としてかかわるのではなく,地域住民との関係を生きようとする社協職員の姿勢があったからこそ,住民のかかわりとしての小地域福祉活動になっていったのであろう。

第4節　関係としての地域

1　かかわりを作る

このように住民にとっての小地域福祉活動であるならば,制度としての小地域福祉活動ではなく,関係を生きる小地域福祉活動であって,関係を生きる小

地域福祉活動とするためには，地域という視点を地理的範囲としてとらえた地理的空間としての地域から，人と人がかかわり合い，つながり合おうとする，プロセスから人と人の関係の地域になっていくという，「かかわりからの地域」「関係としての地域」，つまり「関係からの視点」で活動を見ていくことが，必要なのではないだろうか。そうであるとすれば，小地域福祉活動は社協の制度で動く活動ではなく，横と横のつながりの中で活動するかかわりを生きる活動が本来，住民主体としての活動であるといえよう。このことをブーバーは著書『対話』において「集合体」と「共同体」として以下のように論じている。

　　共同体，すなわち生成しつつある共同体（われわれは今までのところ，このような共同体をしか知らない）とは，しかし，多数の人間がもはや並列的にではなく，たがいに支え合って存在している現実なのであり，ここではひとびとは相い共にひとつの目標へとむかって活動してはいるが，いたるところでたがいに，他者へとむかってゆく現実を，動的に向かいあう状況を，我から汝への流れを経験するのだ。共同体は，共同的交わりが生ずるところに存在するのである。集合体は人格性の組織的な「没却」にもとづいて成り立ち，共同体は相互的対向（Zueinander）のなかで，人格性を高揚し立証することにもとづいて成り立つのだ。現今よく見受けられる集団生活への熱中は，共同体による人格の試練と聖化からの逃避であり，また，世界の心臓の中で交わされる「自己を賭けることを要求する生命的な対話」からの逃避なのである。[4]

このブーバーの言う「集合体」と「共同体」に対する指摘は，先に示した制度としての小地域福祉活動や地理的空間としての地域という概念と，関係を生きる小地域福祉活動や関係としての地域の概念とに通底している。

2　他者との関係を生きる

社協事業である制度としての小地域福祉活動および地理的空間としての地域

の概念は, ブーバーのいう「集合体」であり, 住民一人ひとりが活動や地域に埋没し, 住民同士がかかわることは「何か」を行うための手段としてのかかわりとなっているのではないか。それに対して, 住民主体の活動としての関係を生きる小地域福祉活動, および, 関係としての地域の概念は「共同体」であり,「かかわりを作ること」自体が目的である。その試みは疎外された〈我とそれ〉から人格的なかかわりである〈我と汝〉の関係を作り出すことになろう。

　ブーバーの関係への視点は阿部志郎のコミュニティ観とも接続していると思われる。「コミュニティとは, 単に快適な生活をエンジョイする場ではなく, 人間が人間を相互に守る場と認識するところから始まる。つまり, 住民の利害差を隠蔽する自主的, 自然発生的共同体としてではなく, 意図的, 主体的に利害差を明確にしたうえで, 連帯を"形成"する場」[5]と論じ, 「コミュニティとは地理的区域を指すのではない。共に重荷を担い合う活動の範囲をいうのである」[6]として, 「地域福祉は, 条件に恵まれた者と恵まれぬ者, マイノリティとマジョリティとが『ともに生きる』ことの実践課題の追求だが, それは『自然にできるもの』ではなく, 『つくるものだ』から, 住民の創造的参加と共同行動が基礎となる」[7]と述べている。

　本来人が人である所以の「他者との関係を生きている」という事実が, やはり重要であろう。一人ひとりの人間の「生きた関係」から地域社会が再構築されなければならないということを, しっかりと考えてみる必要がある。このように社協の「小地域福祉活動」が, 制度の「対象」としての地域という考え方があっても, 人と人がつながった, 本当の「地域」について考えられていないからであろう。

　社協活動である小地域福祉活動の事例を通して集合体と共同体, 制度と人, 地域の人と人の関係を考えてきた。しかし, さらにその根底に存している「人と人のかかわり」について考えなければならない。その「人と人のかかわり」を支えるのは, 人と人の「関係の力」である。地域の一人暮らし高齢者と周りの人との関係も大事であり, したがって「人と人との関係」をどのように捉えるのかということを考えることが必要となってくる。端的にいえば, 個人と個

人がいて関係を作るのではなく，関係が個人と個人を作るのではないか。まさにブーバーがいう「関係の先験性」であろう。そうした人と人の「関係の力」というのは，かかわり合いの中から生まれてくるものであり，かかわり合い続けるその「プロセス」から生まれてくるものであると思われる。

第5節　関係を生きる力としての「臨床社会福祉学」の視点

1　関係を生きる力

そこで再度，人と人の関係をどう考えるかということを，確認してみたい。そうした人間の捉え方，あるいは人と人のかかわりという点から，第7章で示されたように，その個人の関係的生への援助こそが社会的援助に繋がっていくものであり，このことをかかわりとしての地域を育む「社会開発」と置き換えることができると思う。

声かけ活動の実践は，一人暮らし高齢者とのかかわりができ，関係ができたことで，一人暮らし高齢者にとって喜ばれることになり，慕われることにもなった。そのことは「私にとっての相手」から「相手からみた私」へと関係のあり方が移行することである。実際にその活動を続ける中で一人暮らし高齢者から喜ばれたことを知り，あいさつや声かけの活動をしている人たちは，活動が実際に相手のためになっていることを自覚でき，「相手から見てどうか」という観点から自分の活動を振り返ることができるようになった。いわば「相手の喜びが私の喜び」という関係のあり方が「かかわりからの地域」への始まりであろう。これこそ「関係の力」と言えよう。

こうしたかかわりができた結果，活動してきた人自身も，今までは他人の話が聴けなかったが，あいさつや声かけだけに止まらず，人の話を聴けるように変わっていった。これは他者とかかわることにおいてできた「関係の力」ではないだろうか。よく「人間は一人では生きられない」というが，先に述べたように「人間はほんとうは誰も一人では生きていない」ということである。一人暮らし高齢者の人たちが，声かけ活動や訪問活動をする人の働きかけによって

外出ができるようになったり，元気になったりすることも，「一人ではない」という関係性に気づいたからではないだろうか。繰り返して言えば，人は人とふれあいかかわることによって，いっそう他者との関係の重要性を自覚し，さらにそのうえで，そのかかわりの中から私（自分）を発見していく。しかも，このことは，「私」にも「相手」にもあてはまる。かかわり合う双方にとって等しくそうなるのである。人と人の関係の中にそこで必要とされる私（自分）が実感され，かかわりの中で他者にとって必要とされる私（自分）に気づいていくことがあると思う。

哲学者の鷲田清一は『「聴く」ことの力』の中で「〈わたし〉はじぶんで生まれたわけではないし，衣を着せられ食べ物を与えられることで成長しえたのだし，人びとが歴史の中で達成したある水準からその個人としての生を始めたのだし，『わたし』ということばをつかうことでわたしは〈わたし〉になれたのだし，特定の『だれか』として他者に呼びかけられるときにそれに応えるものとして〈わたし〉の特異性がこれまで与えられてきたのだし，そしてなによりも〈わたし〉はひとりで棺桶に入ることさえできないからだ」[8]と論じ，「わたしの固有性とは，したがって，わたしがその内部に見いだすもの（わたしがじぶんの能力，素質あるいは属性として所有しているもの）ではなく，むしろ他者によるわたしへの呼びかけという事実のなかでそのつど確証される」[9]と指摘する。つまり，人が人にかかわるということは，その人がそうした関係を作っているというよりは，その人がそうしたかかわりをすることによって培われる面がある。

また人々が培ってきた関係にその人が触れることによって，その関係から「関係を生きる力」が育まれると言えるのではなかろうか。さらに，そうした関係によって培われた人が，新しい関係を作っていく力になるだろう。ただし，個人と個人がかかわるということは，単に人に接触すればそれで良いということではない。そのために，人と人の関係に関する考察が必要であろう。人と人がかかわるということはどういうことなのか，人はどういう存在なのかということを考える，「人との関係を生きる力」を育む実践のための「実学」として「臨

床社会福祉学」の視点が重要となってくる。

2 同一の世界に存在している人

そうであるならば,メイヤロフの『ケアの本質』における次の言葉が大切ではなかろうか。

「ケアにおいては,他者が第一義的に大事なものである。すなわち,他者の成長こそケアする者の関心の中心なのである」として,「ケアにおいては,相手とともにいるということは,とりもなおさず相手のためにいるということでもある。成長しようとし,自らを確立しようと努力している相手,その人のために私はいるのである。私は彼を見て,私と全く"同一の世界"に存在している人だと感じとっているのである」と指摘している。「声かけ」や「あいさつ」「訪問」活動を行ってきた人たちは,活動の当初は一人暮らしの高齢者を自分とは全く違う「世界」を生きる人とみなしていたが,この活動を通してメイヤロフが言う「同一の世界に存在している人」として高齢者を感じ取ることができた。それまで一方的に話して人の話を聴けなかった人が,人の話を聴けるようになった。

3 人間と共存しつつある人間

小地域福祉活動が人間関係の上に成り立ち,そこで人と人の「かかわりからの地域」を見ながら「他者とのかかわり」「関係の力」の根幹となる人間関係が重要であることを示してきた。こうした小地域福祉活動の意義は,すなわちメイヤロフの言うケアに示されているものに共通する。メイヤロフの言うケアの相互性における自己実現ということは,実は深いところでブーバーの人間の思想とつながっている。

このことを確認するために,再度ブーバーの言葉を引用したい。ブーバーはその著書『人間とは何か』において次のように指摘している。「元来,人間にかんする科学の中心的対象は,個人でも,集団でもなく,人間と共存しつつある人間である。人間と人間の生きたかかわりの中においてのみ,人間の本質性,

人間に固有なるものが、直接、認識されるのである。ゴリラさえも個であり、白蟻の国さえも集団である。しかし、我と汝とは我々の世界の中にのみ存在する。なぜなら、人間は、つまり自我は、汝との関係に基づいてこそ、はじめて存在するからである。この『人間と共存しつつある人間』という対象の考察から、人間学と社会学とをつつむ人間の科学は出発しなければならない」[12]と語っている。まさに人間の基本的事実は「人間と共存しつつある人間」と言えるであろう。

　このブーバーの発想は、メイヤロフにおけるケアを通しての人間関係の捉え方にも通底している。なぜなら、メイヤロフによれば、ケアされる人間がケアされることによって良くなるだけでなく、ケアする側の人も、ケアすることを通してケアする以前にはできなかったことをしようと努力することによって能力を伸ばし、いわばケアすることを通して人間としての力を高めることになり、ケアする人とケアされる人間が「ともに共存しつつある」ということにつながるからである。

　このようにブーバーによって鮮やかに描かれている人間と人間の関係のあり方は、本章での「社会開発を生み出す実践」と適合し、人と人の関係のあり方を描写しているものと言えよう。こうした観点からもう一度私たちの地域を見直す必要があり、そのことが「社会開発」にもつながっていく。本章で繰り返し述べてきたように、人と人との関係の視点から地域づくりの実践を始めていく必要性があり、そのプロセスこそ、まさに臨床社会福祉学と言えよう。

注

(1) 淑徳大学総合福祉学部・コミュニティ政策学部『学生生活の手引き2014』、2014年、p.7
(2) 早坂泰次郎「緒言」岸良範・佐藤俊一・平野かよ子『ケアへの出発』医学書院、1994年、p.V
(3) アンダーソン, R., シスナ, K. N.（山田邦男監訳、今井伸和・永島聡訳）『ブーバー　ロジャーズ　対話　解説つき新版』春秋社、2007年、p.44
(4) ブーバー, M.（田口義弘訳）『我と汝・対話』みすず書房、1978年、p.245

(5) 阿部志郎『地域福祉の思想と実践』海声社，1987年，p.59
(6) 同上書，p.59
(7) 阿部志郎『福祉の哲学』誠信書房，1997年，p.122
(8) 鷲田清一『「聴く」ことの力』阪急コミュニケーションズ，1999年，p.235
(9) 同上書，p.237
(10) メイヤロフ，M.（田村真・向野宣之訳）『ケアの本質』ゆみる出版，1987年，p.68
(11) 同上書，p.95
(12) ブーバー，M.（児島洋訳）『人間とは何か』理想社，1961年，p.178

📖 参考文献

阿部志郎『地域福祉の思想と実践』海声社，1987年
阿部志郎『福祉の哲学』誠信書房，1997年
アンダーソン，R.，シスナ，K. N.（山田邦男監訳，今井伸和・永島聡訳）『ブーバー ロジャーズ 対話 解説つき新版』春秋社，2007年
淑徳大学総合福祉学部・コミュニティ政策学部『学生生活の手引き2014』2014年
早坂泰次郎「緒言」岸良範・佐藤俊一・平野かよ子『ケアへの出発』医学書院，1994年
ブーバー，M.（児島洋訳）『人間とは何か』理想社，1961年
ブーバー，M.（田口義弘訳）『我と汝・対話』みすず書房，1978年
メイヤロフ，M.（田村真・向野宣之訳）『ケアの本質』ゆみる出版，1987年
鷲田清一『「聴く」ことの力』阪急コミュニケーションズ，1999年

終章 臨床社会福祉学の継承と展開

　臨床社会福祉学は，前章までに示してきたように，研究・教育，実践の両者において，そこにかかわる者の「臨床的態度」が問われ続け，方法論の基礎づけが常に重要なテーマとなっている。そこでは，その学問を成り立たせる研究そのものやそれを展開する実践は，「それぞれがどの視点や価値に基づき，どのような態度でそれらにかかわるのか」ということが常に課題として提起されている。したがって，そこにかかわる者の生き方そのものが問われ続ける学問であるということができる。この臨床社会福祉学を支える基礎学問や実践に向かう態度をいかに継承し，さらに具体的な研究や実践との間に循環した関係で展開できるかが焦点となる。本章のテーマとして，第8章までに示してきたことを後世へいかに伝えていくかを学問上での実践的課題として捉え，継承の内容やあり方と今後の展開の方向性について考えていきたい。

　さらに本章では，臨床社会福祉学の実践を「臨床ソーシャルワーク」として定め論じるとともに，クライエントの援助のあり方においての学問研究という方向から論じていく。こうした研究は，研究のために研究があるのではなく，あくまでも社会福祉における実践力を養うことが最終目的であり，教育的志向が内在されていることになる。

第1節　臨床社会福祉学は，何を目指すのか

1　臨床社会福祉学に基づいた社会福祉実践

　わが国では，古くから慈善救済活動は，さまざまな実践家においてなされて

いたが国の責務としての「社会福祉」の幕開けは、日本国憲法施行後である。1946年に「旧生活保護法」が成立し、生活困窮者に対する国の保護義務の責任が明確となった。そして1947年には、浮浪児や戦災孤児と言われる子どもの援助を第一義的な目的とした「児童福祉法」が成立した。その後は、社会福祉六法と呼ばれる「生活保護法」「身体障害者福祉法」「知的障害者福祉法（旧精神薄弱者福祉法）」「老人福祉法」「母子及び父子並びに寡婦福祉法（旧母子福祉法）」が続いて成立している。この六法の分類からもわかるようにわが国の社会福祉は、対象者別に援助を考え、対象者を規定して援助を行う法律として成り立っている。この法律に沿って、社会福祉学も各分野別に学問を体系化させ、「障害者」「高齢者」「児童」と援助の対象者別に区分され研究されるようになった。しかし、これまでの対象者別の学問体系では臨床社会福祉学の意義を示すことはできない。臨床社会福祉学は、対象者にかかわらず、その社会福祉分野の実践に参与する援助者のあり方を問うことが基本となる。社会福祉の対象者である障害者、高齢者、児童がそれぞれどのような特徴を持っていようとも、その対象者をかけがえのない人として大切にし、援助を展開する援助者のあり方を問いかけ考え深めていく学問である。前記のように戦後、我が国の社会福祉が制度として発展してきた経過があるが、臨床社会福祉学は、あくまでも人間にとっての社会福祉の制度として人間を主体として制度に取り組み、人間のあり方を問い続ける学問である。

　したがって、臨床社会福祉学は、対象者が存在してはじめて成り立つ学問ではあるが、対象者と援助者との関係の中で援助のあり方を問い、実践へと立ち返ることを繰り返しながら志向する学問である。対象者や法律に左右されないということは、社会福祉の制度や政策がどのように変化しても、臨床社会福祉学の追求するテーマは変わらないということである。そしてそれは、対象者と援助者との関係から援助を追求し、援助における普遍的な原理を見出す学問であると言える。

　こうした臨床社会福祉学に基づく社会福祉実践を行う対人援助の専門職者は、対象となるクライエントとの真の対人関係構築を基盤にしながら「生きる意味」

や「存在のあり方」を問い掛け，援助を展開する。そうした中でクライエントが，生活課題を修復しながら生活を立て直していくことが図られる。そして，臨床社会福祉学に基づいた社会福祉実践は，クライエントの生活課題そのものやその改善に着目するに止まらず，クライエントが対人援助の専門職者からの働きかけによって，自らの人との関係を生きる力を取り戻し，見出すことを援助の基本とするものである。

2 臨床ソーシャルワークとは

さらに言及すると，臨床社会福祉学の実践そのものを論じるものが臨床ソーシャルワークであると言える。本章までに述べられている「臨床」という言葉は，今日では医療や福祉などの対人援助実践の場ではもちろん，多くの学問領域でも用いられ，すでにわれわれにもなじみ深い言葉である。ソーシャルワークにおいては，「臨床」という用語が使われだしたのは定かではないが，アメリカにおいて「臨床ソーシャルワーク」は，「連邦病院や精神科クリニックなどにおいて直接的に患者にかかわっているソーシャルワーカーの業務を描写するためにつくりだされたものであり，ソーシャルワークの専門的機能を意味するものではなかった[1]」とされ，「臨床の場におけるソーシャルワークを呼称する用語にすぎなかった[2]」とされ，中でも，とくに心理療法を中心に示すものであった。その後，「臨床ソーシャルワーク」業務は，免許制となり，全米ソーシャルワーカー協会が定義を規定するに至っている。

他方で，これまで本書で示してきた臨床社会福祉学における，または，臨床ソーシャルワークにおける「臨床」は，アメリカで示す現場での機能や領域を指す概念として取り上げているものと異なる。もともとその語源に由来する基本的な概念としての「臨床」は，すでに第2章で詳しく記したように「一人の人のために自己自身を投入し，その人と全人格を傾けて『ともにいる』態度[3]」という意味である。本章もその意味に立ちかえり，「方法論的視点」からの検討を試みるものである。したがって，臨床ソーシャルワークは，分野論としてソーシャルワークをみるものではなく，あくまでも人間関係学を基礎に置き，

それぞれの関係性からソーシャルワークを実践するものといえる。

　心理療法家のムスタカス（Moustakas, C. E.）は，どんな人の人生にも精神や思考などに印象に止まるような瞬間が訪れ，既成の知識を超えて新しい世界を発見するような時間を超え，内なる自分との対話が可能となる瞬間を体験することがあると示し，自己成長へつながる時を実存的瞬間としている。この実存的瞬間とは，「自分が何者かを悟る瞬間」「自己を開く瞬間」「内なる自分を深く体感できる」などとしている(4)。実存が揺らぐクライエントにとって，実存的瞬間を得られる心理的な援助は，必要である。しかし，実存的な危機だけではなく，多くのクライエントは日常生活上の危機をともに有している。こうしたニーズを持つクライエントに対し，臨床ソーシャルワークはたとえば，実存的瞬間にクライエントを導くと同時に生活課題の改善を目指した具体的な援助を行うのである。この実存的瞬間をクライエントが経験するとともに生活課題からの脱出をするためには，生活の維持，改善を援助目的とした，人間関係学を基盤とするソーシャルワークが必要である。そこには，クライエントの実存を問いながら他者との関係を生きることへの存在論的な援助と生活そのものを具体的に援助する両者の援助が必要なのである。

　ここまで確認してきたように，臨床社会福祉学を基礎学問とする時に臨床ソーシャルワークは実践の学問として位置づけられるのである。

3　臨床ソーシャルワークの目的と臨床的態度

　社会福祉の実践において，究極的には「自分を失ったもしくは危機的状態」に悩むクライエントを援助することを「臨床ソーシャルワーク」は目指す。援助の対象となるクライエントは，「自らが存在する意味」を見つけることができず，確信が持てない状態にいる。クライエントの目の前には大きな生活課題が横たわり，その生活課題と関係を有しながら周囲との人間関係にも不調和が生じた状況で生活に行き詰まりを感じる。その行き詰まりから，クライエント自身が自己尊敬を感じることが弱くなる。このような状態から自己の安定を図り，生活の連続性を見出すことを目指すためには，他者の力が有用（必要）で

あり，生活に根ざした現実的な援助を実現するソーシャルワークが求められる。

不安定な状況にいるクライエントを直接的に援助するのがソーシャルワーカーであり，一方で研究者は実践に役立つための研究を行う。そうした試みの結果としてクライエントを間接的（側面的）に援助することにつながる。この時にクライエントを援助する者が密接なつながり（援助関係）を構築する必要があるが，その際に相手にかかわる姿勢として必要とされるのが「臨床的態度」である。その臨床的態度は，実践だけで問われるのではなく，第5章にもあるように研究においても求められ，研究成果に大いに影響を及ぼすものである。その臨床的態度に関する思考を深めることを通して，臨床社会福祉学は何を継承すべきなのかを明らかにすることができる。

第2節　根源的な問いから生まれる臨床的態度

実践と研究の両面においてどのように対象に関与（臨床的態度）していくのかは，その結果を左右する重要な点である。これを一言で表すならば，「コミットメント(commitment)力」であり，いわゆる事象に対し積極的に関与する力が求められているということである。「commit」の名詞形であるが，その語源は，「委ねる」「かかわりあうこと」「誓約，公言する」であり，そこには，「相手に援助や愛情を真剣に継続的に与える」という意味が含まれる。この「コミットメント力」を備えた上に専門的な実践力となる技術や知識が活かされ，ソーシャルワークが展開されることになる。したがって，ソーシャルワークにも様々なアプローチ方法があるが，それらの効果を左右するのが，臨床的態度であり，専門的な技術や知識の下支えをしているのである。そこでは，実践，研究をする者の生き方が厳しく問われている。その実践，研究における関与のあり方が臨床的態度を生み出すのだが，とくにここでソーシャルワークを展開するにあたり，その重要ポイントを4点に分けて整理しておきたい。

1 人間存在への問いを発し続ける

　ソーシャルワークの主体者は，改めて言うまでもなくクライエントである。クライエントは，さまざまな日常生活上における課題を抱え，それを解決するためにソーシャルワーカーとともに歩んでいく。その課題は個々によって異なるが，相談を持ちかけたクライエントの問題を生活問題そのもの，あるいは心理的問題などへ，さらにはまた障害や病気から派生した医学上の問題へと還元することで，クライエントのある部分に主眼を置いて，クライエントをみている限りは，援助の核心に辿り着かないことが起こる。言い換えれば，真のニードを発見できずに見過ごすことになる。クライエントは，生活上に起きるさまざまな障害において危機的状況に身をおいている。そのような時に「代理不可能な自分」がどのような状況に置かれていようとも，自分の存在を引き受けて生きることができるかが問われることになるのが生活である。それは，具体的に生活上に不具合が生じた時に，その状況に対してクライエント本人がその事実を受けとめて生活を続けていくことをソーシャルワーカーとともに行うことで可能となる。ソーシャルワーカーは，そのクライエントに起こった避けられない厳しい現実の実態を本人が受けとめられるように現実的に援助していくということである。このことをさらに詳しくみていきたい。

　宗教哲学者の谷口は，人間のあり方を生物的次元，文化的・社会的次元，存在的次元の三つの次元に区別しており，「この三つの次元は一応区別はできるけれども，これは切り離すことは，できない。またこれは人間の三つの部分ということでもない。一人の人が生きているということは，この三つの次元を同時に生きておるということ」[5]だと指摘する。生物的次元というのは，人間が単に生物体として存在しているありようを指している。身体を維持しようとする際に生じる欲求がある。食欲や睡眠，子孫を増やすための性的欲求などとして体験している。これは，生物体としての生きる次元であると言える。たとえば，生物的次元に対するアプローチを考えるのであれば，経済的な困窮者に対しソーシャルワーカーは，今日，食べるための食べ物や資金を提供するという具体的な援助が求められる。水が手に入らずに飲めずに苦しんでいる人が目の前に

いるのであれば，何をおいても水の提供を考えるということである。まずは，生物体としての存在の確保を優先的に援助していくということである。

　次の文化的・社会的次元というのは，生物体として人間が生きながら生活者として生きる生き方を指す次元である。私たち人間は，自然環境の中で暮らしやすいように政治，経済や制度，法律を作り上げ，文化を形成しているのである。その結果として地位や名誉，財産が生まれ，そこでの評価や業績を重視し執着しながら生活している。したがって，予期せぬ障害や病いによってその評価や業績が損なわれると自分の存在根拠までなくなると錯覚し，絶望感に苛まれるようなことが起きる。この次元は，価値の追求の次元とも言われている。自らが追求する価値を求めるためにその目標に向かっていく姿が日常生活に溢れている。こうした価値を取り巻く他者との関係の中で私たちは生活しているのである。

　たとえば，文化的・社会的次元に対するソーシャルワークのアプローチを考えるのであれば，病気や障害により仕事や地位を失ったクライエントに対して，収入の保障という面だけを考えるのではなく，働く場の提供として求職や職業訓練の場を検討する。ソーシャルワークの援助では，社会的存在としてのクライエントを援助するとも言い換えられる。谷口は，この文化的・社会的次元における価値というのは，一般的に有用性によって決定されているものだと指摘する。私たちは，役に立つものを価値があるとし，役に立たないものには価値が乏しいという考え方で捉えており，この次元では有用性という価値基準が一般的である。しかし，人間の存在の根拠として「役に立つ」というところだけで私たちは生きているわけではないし，そうした側面だけで生きていくことを求め続けることは自らを苦しめることにもなる。自分は，誰かの役に立とうと思い，そこでの価値を高めようとする。しかし，何かの役に立つということ，すべての人に役立つという万能性を有することは難しい。誰かの役に立っていたとしても別の他者には，役に立たないことが起こる。しかし，役に立たないと考える場合，全く価値がないと判断してよいのだろうか。

　三つ目に位置づけているのが存在の次元である。たとえば，病いに倒れ，寝

たきりの状態で話もできず身体の自由もきかない状態でも生きていることができる。そうした時に社会的な役割や地位や名誉や財産もなくなっているとしても，そこで生きている限り，私は私でしかなく，この私で生きていくしかないのである。この私は，どんなに苦しくても今の私を受けとめていくしか生きる方法がない。こうした時に文化的・社会的次元にあくまでも自分の存在根拠を求めるならば，そこで地位や名誉を失った時は，生きていく根拠を失うということになる。生まれた後に身につけ，持ち続けてきたものに執着するということは，代理可能なものにしがみつくということである。代理可能な会社の社長，家庭での親，学校での教員という生き方は，ここでいう存在の次元を生きているということではない。ここで示す存在の次元というのは，他の人に代理を頼めない，かけがえのない自分を大切にするということである。

　たとえば，存在の次元に対するソーシャルワーカーのアプローチを考えるのであれば，クライエントが何かの苦しみや悲しみ，絶望感にある時にその事実においてどう生きるかということをともに悩む援助である。危機的状況が起こったとしても，危機をそのまま受けとめて生きていく生き方を選択する人がいる。このような人をみると危機は，すでに危機として存在していない状態となっていることがわかる。すでに起こった自らに対する危機自体を変えることはできないが，ここでの身のおき方そのものに対する援助は可能であり，それがソーシャルワーカーに求められているのである。

　先に述べたように人間は，三つの次元を同時に生きている。生活障害を援助するソーシャルワーカーは，この三つの次元を区分することなく援助する視点と活動が求められている。クライエントを援助者側の都合に合わせて様々な次元に分け，生物的次元，文化的・社会的次元，存在的次元などに分割して援助を展開するのではなく，それらを統合して生きる全体性（wholeness）としてのクライエントにかかわることが求められているのである。一般的にみられる抱えている課題別にクライエントを細分化し，分析する理解の仕方とは大きく異なる。

　こうしたことを検討する際に生物的，文化的・社会的次元に対する援助は，

物理的なものや空間などにおける援助をするため，援助そのものの結果が目に見えやすい。しかし，存在の次元に対する援助は，クライエントがハッキリとその援助の主訴として表すことは少ないし，生物的，文化的・社会的次元に対する援助の要求が先行しやすい。そうした要求への対応が生活を維持するということだと考えられているが，そこでは人間を部分的に見て，それぞれの問題に対処する援助方法に偏りやすい。しかし，人は部分としてだけでは生きていない。ここで人間の存在の次元への援助の視点をソーシャルワーカーが持ち，クライエントに対して問い続ける働きかけを行わないとクライエントのニードが発見されない。とくに「ニードは沈黙し，表に現れないことが多く，潜在している。福祉のクライエントには，自分の苦しみ，悩みを訴える能力がない人が多い」と言われていることからも，存在の次元にソーシャルワーカーが目を向けることは，重要な援助視点である。

2 援助者の中に他者が存在する

　私たち人間は，困っている人を目の前にした時に無関心でいることはできない。こうした手を差し伸べる行為が，他者に対する援助の根本的な動機として存在する事実がある。実践家でもあり社会福祉学者でもある阿部は，「福祉の哲学は，机上の理屈や観念ではなく，ニードに直面する人の苦しみを共有し，悩みを分かち合いながら，その人々の持つ『呻き』への応答として深い思索を生み出す努力であるところに，特徴がある」と指摘する。さらに「『呻き』を全体的＝全人格的に受けとめ，いかに主体的な自己の存在をあげて対応するかが問われるので，知識や技術をどう活用し生かすかの『態度』と『精神』の問題となる。『呻き』は，局部の痛みというより魂の痛みだからである」とも指摘する。他者の痛みや苦しみを全人格的に受けとめるということは，他者の痛みをまるで自分の痛みのように感じ取り，受けとるということである。こうした共感的態度は，大変重要なソーシャルワーカーの力とされ，ソーシャルワークの教科書に多く指摘され，なかには，ソーシャルワークの最も基本的な技術と教えられている場合もある。そこでは，「『共感』という技術を使って深く理

解しながらともにあり，どのように対処するのか一緒に考える」(8)と示されている。技術と表されると多少の違和感もあるようにも思うが，言わば，「相手の気持ちになる」ということになろう。物事を心に深く感じ取る働きが発揮されているということである。相手の見えていないところまで心を働かせて相手の気持ちを推し量り，相手を受けとめることである。こうして相手の気持ちや思いにイマジネーションを膨らませていくことは，他者である相手にコミットメントすることにより，相手のことを深く考える体験となる。

　また，第8章でも紹介されたように，阿部は，「コミュニティとは，『重荷を分かち合う』という意味であり，私たちの自分だけが良い目にあいたいと思う欲求である本能を乗り越えて人の福祉を願わなければ実現しない」と述べ，「福祉は，自分の中にある要らなくなったものの一部を人に与えることではなく，自分の中にある自己愛という本能的な欲求を克服して人のしあわせを願う努力の過程を言います。福祉は，他人の問題ではなく，自分自身の課題であります」とも指摘している(9)。

　これは，仏教でいうところの「慈悲」であり，他者の悲しみに自分も同じように苦しみ哀れみを持ち，共感し，思わず手を差し伸べる精神である。先に示したように，人間一人ひとりは，それぞれが代理不可能な存在であり，一人の幸せや人格を重んじることを前提において援助が存在する。他者に対し，かけがえのない存在として相対することを援助の基盤として，その人間理解の仕方が福祉実践のあり方に直に反映するところが特徴と言えるのである。しかし，クライエントが反社会的行動や庶民の一般生活から大きく外れた考えや問題行動をとるということがある。ソーシャルワーカーと全く価値観の異なったクライエントが援助対象者となる場合である。こうした時に単に自分のことのように他者を受けいれるのが難しいということが想像される。「代理不可能な存在」として受けとめていく理念であることに変わりはないが，そこでの人間理解は，現象的に現れている反社会的行動や庶民の一般生活から大きく外れた考えや問題行動に立ち止まることをせずに，それらが起こるクライエントの生育歴の中での歴史的意味を含めた生活世界を見渡し，幅広い情報からクライエントを理

解する力を注ぐ必要が生じるのである。

3 生活者として自らが生きる

　社会関係の主体的側面に視点を置いた社会福祉学における岡村重夫の理論は，人間の社会生活上の困難は，基本的な要求が満たされない状況であるとし，その欲求を(1)経済的安定，(2)職業的安定，(3)家族関係の安定と住宅の保障，(4)医療と健康の保障，(5)教育の機会，(6)社会的協同の機会，(7)文化・娯楽の機会と7点上げている。この7つの要求を充足するために社会制度があり，それを私たち一人ひとりが社会制度との間で取り結ぶ関係を社会関係としている。多くの制度と個人は，社会関係を取り結んでいるが，こうした関係を持つことで生活の主体者となることができるとしている。この社会的要求が満たされないという状況は，生活者である当事者にとって現実的に大きな課題である。しかし，とりあえずそれを置いて他のことを考えることができず目の前に現れる。「われわれの生活問題は，その問題当事者にとっては，単なる理論的説明では済ますことのできないほどの現実的課題であって，ともかくも現実的に利用できる条件によって解決するか，代償的方法によって満足するか，いずれにしても解決を求めてやまない問題である。それは生活とは，しばらくでも休んだり，やめたりすることのできない絶対的かつ現実的な課題だからである」とも言われている。

　私たちは，自分の生活を歩みながらその生活全体を把握し，主体的存在として暮らしている。他人に侵されない自分の生活を営んで一瞬とも抜けられないという感覚を，援助者が自らの生活感覚と同様にクライエントに対しても持つことが必要であり，それをどこまでも生活の現実的感覚として持っていることがクライエントの生活ニーズを的確に把握するためには必要なことである。こうした点において援助者の経験的な生活感覚は，クライエントの生活を理解する上で有用であり，生活支援者としてなくてはならないものである。

4 関係から意味を発見することができる

　たとえば,「自分の存在意義は何なのか」と自己否定的に悩み続け,一生考え続ける人や,身体の機能を著しく損ない中途障害を負ったために「こんな身体になって今までの生活ができない,生きている意味があるのか」と自分が生まれてきた意味や生きていること自体そのものの意味に疑問を持ち,希望を失い生活に支障を来す状況に陥る場合がある。このように病いなどによって起こった生活障害は,今まで懸命に行ってきた事柄ができなくなること(一般的に言われる「生きがいを失う」という状態)であり,それまで考えてもみなかった「自らの生きている意味は何か」ということを問いかけたり,また,「問わざるを得ない」と,漠然としながらもクライエントが感じるきっかけとなる場合がある。生活障害を契機として自らの「存在を問う」ということを考えなければならないということは,ソーシャルワーカーに相談をする中でクライエントの「存在のあり方」自体をクライエント自身が確信できなければ,その生活問題をも解決することはできないことになる。

　前記のように,相談を受けたソーシャルワーカーが,クライエントの問題を単に生活問題,あるいは心理的問題そのものへと,さらにはまた病気から派生した医学上の問題そのものへと還元し,その結果クライエントのある部分に焦点を当て,ソーシャルワーカーがクライエントをみている限り,クライエントの真のニード(潜在的ニード)の発見には至らないであろう。ソーシャルワークは,クライエントの心理社会的側面へアプローチするが,そこでの視点は3つの次元を含む「人間存在としての全体」へ働きかけることである。「人間存在としての全体」こそがクライエントが意識化していない真のニードの発見に辿り着くと言える。この潜在的ニードは,もちろんどのクライエントも有しているわけではない。ソーシャルワーカーの目の前にいるクライエントが単に福祉サービスの案内を求めている場合は,その求めに応じて対処すればよいのである。ただし,クライエントが福祉サービスの案内を求めて来た場合も顕在化されているニーズのみならず,潜在的ニーズに目を向け,必要に応じて援助を展開する必要があることを確認しておきたい。

この視点(「人間学的視点」)について和田修二は，ランゲフェルト(Langeveld, M. J.)の著書『教育の人間学的考察』の訳者あとがきにおいて「……個別的な対象や特殊な知見を人間存在の全体へと関係づけ，そこからその意味をより深く把え直そうとする見方のことを一般に『人間学的』と呼ぶ」と示している。[12]これをソーシャルワークに置き換えるならば，個人の生活障害の課題を全体性(wholeness)としての人間存在のあり方から考えていくという視点こそ，ソーシャルワークがクライエントから求められているニードだということである。その意味で，こうした視点こそがソーシャルワークにとって重要な「人間学的視点」である。こうした視点によってクライエントの生きる意味への問いが生まれるのである。このクライエントとともに意味を考え問い続けられる力量が臨床ソーシャルワークには必需である。

第3節　援助実践のプロセスを支える中心概念

1　「臨床的態度」に基づいた実践上の中心概念

「臨床的態度」に支えられた実践は，何を大切にして行われているのか。その実践の援助過程の中で展開される援助の中心概念を三点に整理しておきたい。

(1)　弱さや不完全さの可能性

1980年代に入り，ソーシャルワークの分野においてストレングスの視点が強調されるようになった。それまでの医学モデルとは異なり，ストレングスモデルは，クライエントの可能性や能力，強みに着目して援助を展開していくことを主たる概念としている。ストレングスが着目される以前は，クライエントの弱さや困難性を探し出し，その弱さを補い生活問題を改善するためにさまざまな社会資源を利用することで援助を実践してきた。しかし，弱さをアセスメントし補い，強化するだけでは，クライエントが主体的に問題解決していくことが難しいため，クライエントのストレングスを引き出し，それを伸ばす視点が取り入れられるようになったのである。こうして，わが国の実践現場におい

てもストレングスという言葉が多用され，ソーシャルワーカーの視点としても導入されるようになり一般化している。

　こうした状況において改めて，クライエントにおける弱さや不完全さについて考えてみたい。社会福祉の場面において，弱者という言葉は，もともとよく使用され，何かのハンディキャップを抱えている人を援助するのがその使命とされている。しかし，近年では，援助者が一方向的に援助するという関係でいるのではなく，クライエントが自分の問題を主体的に解決する存在として考えられ，その際に自らの能力を最大限に使うというアプローチが主流となってきたのである。この方法は，クライエントが自らの問題を解決する力を付け，解決に向かっていくというエンパワメントになる。

　他方で，こうした援助の展開過程の中でクライエントの強さが強調されても，クライエントの弱さや不完全さがなくなるわけではない。強さから援助を展開する一方でソーシャルワーカーは，クライエントの生活障害を引き起こす背景ともなりえる弱さや不完全さに着目していく必要があろう。クライエントは，弱さや脆さを感じているからこそ相談や援助活動につながる。また，そのクライエントの弱さや脆さにソーシャルワーカーは，気持ちを動かされ援助へと身体が動くという関係性にある。ここでソーシャルワーカーは，クライエントの弱さに出会う。その弱さや脆さ自体にクライエントが向き合い，そこから派生する生活課題を緩和することにソーシャルワーカーとともにチャレンジすることが問題解決の道につながるのである。その時にクライエントは，できれば目の当たりにしたくないかもしれない自身の弱さや脆さに真正面から向き合い，その事実を受けとめなければ課題解決につながらない。そこでともにその過程を歩もうとしてくれるソーシャルワーカーの存在は大きい。ソーシャルワーカーがクライエントの弱さや脆さを否定せずに受けとめるからこそ，クライエントも受けとめる姿勢が芽生えるのである。そして，クライエントの勇気ある行動を肯定してくれる人がいるからこそクライエントは，弱さや脆さに直面することが可能となるのである。こうした過程をクライエントがソーシャルワーカーと辿る中でクライエントは，弱く，不完全であり，できない今の自分を受け

いれることができるようになるのである。弱く，不完全な自分は，どうしようもない価値のない人間ではないのである。弱さや不完全さが今の自分をつくり，それが自分らしさとなって表現されている，ありのままの自分を受けとめ生活していくことが可能となるのである。

2 苦悩の肯定化

ソーシャルワークに実存主義アプローチを導入したクリル(Krill, D. F.)は，援助の中心的概念を5つ提示している中で「苦悩における意味(meaning in suffering)」をその一つに位置づけている[13]。

苦悩は，クライエントを人間的に成長させ，生き方を変える力を有している。したがって，ソーシャルワーカーは，苦悩を排除したり，避けたりするための援助を展開するのではない。援助においては，クライエントの苦悩から価値基準を見直したり，生きる意味の再発見につなげることを目指していくのである。

たとえば，病いをクライエントの苦悩として考える時に以下のようなことが言えるであろう。日常生活の中で大きなつまずきとならないが薄々気づいていたり，困難性を感じていることがあるとする。病いになるとそのことを主題化して考えなければその先の生活が歩めない状況に陥ることがある。そのような場合にクライエントは，自らの生活における課題に病いをきっかけとして気がつくことになる。しかし，その生活における事実は，実は病いを持つ前から同様の状態で生活の中に存在し続けていたのである。その事実について，病いの体験によりそれを今まで自分がどのように生きてきたのかということを援助の中でソーシャルワーカーから問われ，そのかかわりによって気づきが生まれる。その時ソーシャルワーカーは，病いというクライエントの苦悩を単に排除するような協力はせずにその苦悩を大切にし，「病い」を通して，クライエントが自らの日常の生き方について考えるきっかけを得たと捉え援助していくのである。こうした援助によって，クライエントはそれまで有していなかった「苦悩することのできる力」を獲得していくことが可能となる。

上野矗は，ヴァン・デン・ベルグ(van den Berg, J. H.)の著書『病床の心理

学』(原題：*The Psychology of the Sickbed*)の訳者の解説において「原著者は述べている。──『病気を持たぬ存在は生きる刺激を欠いている。それは精神的問題を持たぬ存在が完全な無意味さに退行していくのと同じである……結局，身体の病いは健康人たちが容易に失う心の健全さの条件になりうるのだ』。このことに気づく時，病気は決してただ単に嫌なこととはいいきれなくなる。病気をただただ嫌なこととしか感じない日常的な受けとめ方から自由になる時，病気やその中の生活の，ひいては生そのものの全く新しい意味の世界が開けてくる。病気は，もはや，単なる有機体の病気ではなくて，人生に意味を付与する体験であり，生きられた病気である。われわれは病むことによって，かえって，存在そのものに眼を開かされ，気づかされるのである[14]」と示している。

このように，たとえば「病い」である苦悩は私たちに「どう生きてきたのか」と問いかけてくるものだといえよう。そしてまた，「どう生きてきたか」という過去や現在が問われるだけでなく，これから「どう生きるのか」と将来に向けての自らの人生が問われるということである。このことこそが「苦悩する体験」から問われている「人間学的問い」と言える。

3 対話的関係を生み出す

日常的に私たちが行っている親しい者同士で関係をうまくつくることを考えて楽しむおしゃべりや会話(conversation)は，対話(dialog)とは異なる。対話は，互いに異なる価値観や異なる世界を持つ相手に接近，そのちがいを受けとめながら自─他が変わる過程の中で気づきが生まれる営みである。これを，臨床ソーシャルワークにおいて，クライエントに対する傾聴という行為を土台としているグループワークの研究者であるコノプカ(Konopka, G.)は，「ワーカーが学ばなければならない傾聴とは，日常の世界で，我々が人に耳をかすのとは違う種類のものである。日常，我々は，自分の先入観や思考の網を通して人の言葉を聞く。たとえば，社交的な夜の集いでの会話を観察してみると良くわかる。ほとんどの場合，誰もが他の人のいったことなどは全然無視して，ただ自分の考えだけを述べている。したがって，多くの場合，そこでの会話は，思想の交

換と相互の考え方の積み重ねとを前提とする，真の〈対話〉ではなしに，とぎれとぎれの〈独白〉にしか過ぎない。〈傾聴〉とは，自分のことだけではなく，他の人のことを真剣に考えるための意識的な自律心を必要とする Art である」[15]と表現している。すなわち傾聴とは，相手をわかろうとする積極的な聴き方であり，聴いたことにより受けとめたことを相手に伝え返す一連の行為である。そして，相手の言ったことを確かめることによって，援助者が真剣にかかわる姿勢が相手に伝わる。そこでは，相手の気持ちを感じ取る能力や相手を受けとめたことを返す力が必要とされるのである。反対に言えば，受けとめたことが相手に実感されないと真に聴いた（傾聴）ということが完成したとは言えない。実際は，聴きながら話し，話しながら聴くという行為が繰り返されることになる。こうした援助者の態度として示される「傾聴」には，受容と共感が合わせて実践されることになる。こうした営みの中で援助者がクライエントの話を聴き，受けとめたことを語ることでクライエントが「自覚していなかったことへの気づき」や「自ら置かれている状況から逃げずに向き合おうとすること」が起こりえる。傾聴という援助的態度から援助において生み出されるものの意味は大きい。自分の苦しみは誰にもわかるはずがないと心を閉ざしたクライエントにさえも援助者の配慮が伝わり，大切にされることに温かさを感じ，課題解決の営みに積極的に関与することが起こりえるのである。こうした援助者とクライエントの援助関係を「対話的関係」と呼ぶ。こうした対話的関係が生まれることによってソーシャルワークの援助の展開は，ソーシャルワーカーの一方的な援助になることはなく相互援助関係となっていくのである。

第4節　臨床社会福祉学の継承と展開

　一般的に「学問を継承」するということは，「学問という財産を後継者に受け継いでいくこと」を指すものである。類似語に法律用語で使用されている「承継」があるが，これは権利や義務を受け継ぐ意味で用いられ，その中に特定の者に引き継ぐというはっきりとした意味合いがある。臨床社会福祉学は，その

精神やそれが活かされる方法論，とくに臨床的態度に代表される方法論的態度が鍵となる。特定の者に引き継ぐという点において，その固有の方法論的な視点がなければ学問として成り立たない特質がある。そして，臨床社会福祉学は，常に方法論的視点を基礎として人間そのものを問う学問である。そうした前提からすれば，その方法論的視点を継承しなければ本学問は継承したことにはならない。そこで，その方法論をどのように継承するのかということであるが，それは，ここまで全章で示してきた臨床社会福祉学として重要視している固有の視点や態度で先達が後継者にかかわり続け，学問的研究や実践を展開することでしか伝え継承することができないであろう。これは，仏教用語でいう「薫習」という継承方法である。「薫習」の「薫」は，香を衣類に染み込ませる意味であり，その香を染み込ませるように人の意識を超えて身体に入ることであり，香のごとく植え付け，全ての行為に影響を与えることを「薫習」というのである。1番目の香りが次のものに移り，2番目のものに1番目の香りがそのまま染みこんでいるような状態である。学問的な方法論を香りのごとく身体に身につけることにより，継承したそれを各々の分野や立場で展開していくことになる。それは，自らで調べればわかる知識の習得を指しているのではなく，教授者の振舞いや姿勢（方法論）に導かれながら，その出会いの中で学ぶ者が自分を開き，香りを取り入れるがごとくに身体の隅々に行き渡らせることである。自分を開き香りを取り入れるというのは，学ぶ者が固い鎧を着ていたのではその香りは，移らない。学ぶ者が他者に対し，自分を開き，受けとめる力が求められるのである。むしろここでは，教授者よりも学ぶ者の姿勢がより問われることになろう。

　次に恩師である編者の足立から筆者が継承する体験を通して継承のあり方について考えたことを記述していきたい。

　日常生活，とくに対人援助にかかわる仕事を行う中で「違和感」を感じることがある。その時に一人で考えてもそこでの引っかかった理由やそもそも具体的にどこに違和感を持ったのかさえもはっきりしないほど漠然としている。そうした違和感を辻褄を合わせて自分を納得させるように解決するのではなくそ

終章　臨床社会福祉学の継承と展開　　197

の不安に耐えてみる。メモにも残さずにそこで生まれた「違和感」を身体に覚えさせておいたままにする。文章化しきれないほど漠然とした感覚であり，整理できない状態ということもあるが，メモを残すと残していることに安堵し，その違和の感覚が薄れてしまうからである。また，この鮮度の良い感覚を身体に残しておくことが大切になる。この身体に残しておく違和感は何年経ってもいつでも取り出せるようにある種の感覚を研ぎ澄ました日常生活を送ることが必要となる。それは，「何故かおかしい」「不思議」「モヤモヤ」「ぎくしゃく」というような身体感覚である自らの印象を「違和感」としてこだわりを持っておくということである。

　こうした違和感の正体をはっきりさせるために学びを繰り返す必要が出てくるのである。もちろん知識を増やすために書籍を読むことは大切であるが，学びの目的として，自らの違和感の正体をはっきりさせるために学習することを恩師から学んだ。筆者が社会人として対人援助の仕事をしながら大学院で学ぼうとした時に賛成し，後押しをしてもらったことはそこにつながるであろう。自らの問題意識が明確でなければ，筆者のような者が学ぶ意味がないと考えられていたのであろう。問題意識が乏しく大学の学部を卒業した筆者が大学院への進学を全く薦められもしなかったことを考えても，よく理解ができる。どの時点においても，恩師からむやみやたらに学習することを薦められたことがなかった。「知識はないよりは，あった方がいい」程度のものと諭された。「本を読むな，勉強をする必要がない」と言っているのではない，それよりも地に足を着いて「今，何を学ぶ必要があるのか」を見極め，日常の自らが生きるところから明確にしなければならないということが求められ続けた。そこでは，人とのかかわりの中で違和の感覚を持つ感性が求められ，知識によって安直にそれを解決することは許されず，知識は違和の感覚の概念化として役立てることを恩師の招きによって身につけてきた。

　そして，違和感から出発した課題をどれぐらい学習や研究する意義があるのかは自分ではわからず，また自信もなく学習や研究を始めた。実験研究のように何らかの明らかな回答が出やすいものとは性格を異にし，対人関係の学習や

研究は，臨床的態度が厳しく問われるだけに困難をきわめた。そうした中で恩師から筆者は，鷲田がいう「存在の資格」を保証されてきたことに気がつく。社会から筆者の学習や研究，ひいては援助実践や教育実践に意味があるのかと問われた際に，今の社会の価値に応えられなければ自らの存在価値が揺るがされる。そんな時に恩師から学ぶ者である筆者に「存在の資格」を与えてもらえたことによって，実存的に学習や研究，実践活動に向かえたのである。何かができるからという条件つきでの保証ではなく，「人間としての存在の重さ」が保証されていることになろう。この「存在の資格」の保証は，鷲田がいう「信頼できる専門家とは，（中略）だれにも見えない問題を『いっしょに考えてくれる』人のこと(17)」として恩師に対する筆者の実感として与えられている。その「いっしょに考えてくれる」というのは，物理的に側にいて一緒に考えてくれるわけではない。意味を見出させる意義を発信され続け，その学習や研究姿勢を承認してもらえる教育的な関与である。違和感を大切にし，対人関係から問いを産む実存的な学習，研究の中身は自らの孤独な内省が必要となる。だからこそ「存在の資格」を保証し，「いっしょに考えてくれる人」を学ぶ者が求めるのであろう。

　こうした恩師からの応援を受けながらも筆者が学ぶ時に「意図的な誘導」を恩師から感じたことがない。学ぶ者である筆者の気づきを待つ姿勢で学習も研究も進んでいくものであった。いわゆる説明を受け，「教えてもらう」というスタイルでの教授法ではない。気づきが導かれるように教授されることはあっても，人間関係学の発題（テーマ）となる気づきがなければ教えを受けることはできない。対人関係を学び，研究するということは，内在する関係を実存的に問いながら深めていくのであるから，その発見は学ぶ者の気づきから始まるところに意味や価値があるのはあたりまえである。この直接的な恩師の教育実践を通して，筆者が教育実践において展開を試みようとする時にその教授姿勢の実践の難しさを痛感している。さらに意図的な誘導による教育は，学ぶ者の主体性を育むことを奪い，教育者の自己満足の増大に寄与することに自らを戒めている。

終章　臨床社会福祉学の継承と展開　　199

　このような教育における相互の営みを30年余り恩師との間で繰り返し行われることで継承がなされるのであった。そして，そのプロセスは終わることなく続けられている。
　改めて確認すると，本章においては臨床社会福祉学の実践論としてソーシャルワークの視点で示してきたが，筆者にとってこれが臨床社会福祉学の展開ということになる。どのように臨床社会福祉学を身につけ継承したかが基礎となり，その展開は，他の分野においてでも展開されると表すことができる。恩師は，人間関係学を継承し，臨床社会福祉学として学問的に展開するとともに教育や組織管理として実践的に展開してきた。それを継承した筆者は，ソーシャルワークを学問的に押さえながら社会福祉実践や教育実践として展開してきたのである。足立は，「継承した人間関係学は，どこの現場（分野）で展開（働く）してもいいのだ」と言う。継承したことをどのように専門に落とし込み，展開しても問題がないということである。どのように展開しているのかと，その活動の結果をみれば，その継承が適切に修められているかがわかるのである。
　ここでさらに，ソーシャルワークの角度から具体的にその継承を考えてみたい。ソーシャルワークにおける援助関係の構築から他者理解を可能にするという視点で臨床社会福祉学を実践学として考える時，あくまで他者との二者関係からそれが問われることになる。その関係性のところからのみ他者理解を進めるとすれば，全て一回性（その限定された二者関係という意味）の他者理解ということになる。そこで後継者にその内容を伝え教授しようとするのであれば，そこでのリアルな二者関係を忠実に再現する方法でしかないのではないか。たとえば，事例研究という方法が最も現実的であろう。その事例研究から普遍性を追求していくことがその具体的な方法と考える。これは，ソーシャルワークでいうスーパービジョンにおけるスーパーバイザーとバイジーとの関係と類似している。あくまでも他者関係の中での互いのありようを「関係存在である人間の営み」として表現することが，この事例研究において求められる。数値では現れてこない他者へかかわる視点や態度がどのようなものであるのかということを明らかにすることで，実践家，研究者の取り組み姿勢などが明らかとな

り，それらを体験的に学び，実践，研究することで継承されることになる。

　継承して学んだことは，頭の真ん中にいつもあるとも限らない。研究や実践を展開する時に頭の中心にあるのは，自分自身の専門的分野の内容である。しかし，不思議な体験として学問として学び継承したものは，刷り込まれているように頭にそして身体にこびりついている。それゆえ，何かの事象にぶつかった時にそのこびりついたものがその事象の理解を助けることになる。これが継承の身体感覚である。継承するということは，身に沁み込んでいる状態を指すのである。身に沁み込む体験をするということは，事象と理論が結びつく瞬間であり，その時学びがはっきりする。他者との関係を悩み模索することで苦悩することから逃げずに相手と向き合い続け，さらにラディカルに問いかけ続けるセンスと持久力を養うことでその学びをはっきりさせる感覚を得ることができるのであろう。これも一回性でありいつも得られる感覚とは限らない。継承する自分を磨き続けなければ得られ続けられない感覚であり，身体で感じとり沁み込んだ状態でなければ，継承からの展開は，ありえないこととなるのであろう。

注
(1) 小関康之・西尾祐吾『臨床ソーシャルワーク論』中央法規，1997年，p.19
(2) 同上書，p.19
(3) 早坂泰次郎「感性と人間関係」日野原重明編『アートとヒューマニティ』中央法規，1988年，p.51
(4) ムスターカス，C. E.（北見芳雄・國分康孝訳）『思春期の実存的危機』岩崎学術出版社，1980年，pp.2-3
(5) 谷口隆之助『存在としての人間』I.P.R.研究会，1974年，pp.2-3
(6) 阿部志郎『福祉の哲学　改訂版』誠信書房，2008年，p.8
(7) 同上書，p.8
(8) 柳澤孝主・坂野憲司編『相談援助の理論と方法』弘文堂，2009年，p.213
(9) 阿部志郎『福祉の心　講演集1　改訂版』海声社，1988年，p.57
(10) 岡村重夫『社会福祉原論』全国社会福祉協議会，1983年，p.83

(11) 山縣文治ほか編『社会福祉における生活者主体論』ミネルヴァ書房, 2012 年, p.5
(12) ランゲフェルト, M. J.（和田修二訳）『教育の人間学的考察』未来社, 1973 年, p.202
(13) クリル, D. F.「実存主義」ターナー, F. G. 編（米本秀仁訳）『ソーシャルワークトリートメント（上）』中央法規, 1999 年, pp.388-437
(14) ヴァン・デン・ベルグ, J. H.（早坂泰次郎・上野矗訳）『病床の心理学』現代社, 1975 年, p.112
(15) コノプカ, G.（前田ケイ訳）『ソーシャル・グループ・ワーク／援助の過程』全国社会福祉協議会, 1967 年, p.116
(16) 鷲田清一『おとなの背中』角川学芸出版, 2013 年, p.95
(17) 同上書, p.154

参考文献

阿部志郎『福祉の心　講演集 1　改訂版』海声社, 1988 年
阿部志郎『福祉の哲学　改訂版』誠信書房, 2008 年
ヴァン・デン・ベルグ, J. H.（早坂泰次郎・上野矗訳）『病床の心理学』現代社, 1975 年
岡村重夫『社会福祉原論』全国社会福祉協議会, 1983 年
クリル, D. F.「実存主義」ターナー, F. G. 編（米本秀仁訳）『ソーシャルワークトリートメント（上）』中央法規, 1999 年
小関康之・西尾祐吾『臨床ソーシャルワーク論』中央法規, 1997 年
コノプカ, G.（前田ケイ訳）『ソーシャル・グループ・ワーク／援助の過程』全国社会福祉協議会, 1967 年
谷口隆之助『存在としての人間』I.P.R. 研究会, 1974 年
早坂泰次郎「感性と人間関係」日野原重明編『アートとヒューマニティ』中央法規, 1988 年
ムスターカス, C. E.（北見芳雄・國分康孝訳）『思春期の実存的危機』岩崎学術出版社, 1980 年
柳澤孝主・坂野憲司編『相談援助の理論と方法』弘文堂, 2009 年
山縣文治ほか編『社会福祉における生活者主体論』ミネルヴァ書房, 2012 年
ランゲフェルト, M. J.（和田修二訳）『教育の人間学的考察』未来社, 1973 年
鷲田清一『おとなの背中』角川学芸出版, 2013 年

おわりに

　本書は淑徳大学にて44年にわたり教鞭をとり，現在学長職にある足立叡の古希に合わせて刊行されたものであり，執筆を担当したのは大学教員・専門学校講師・MSWなど，淑徳大学での同僚をはじめ，淑徳大学大学院の足立ゼミで学び，現在，教育・社会福祉・医療など臨床の第一線に携わっている9名である。

　足立は淑徳大学赴任後，人間関係学を基礎とした臨床社会福祉学を一貫して提唱してきた。そして今回，足立の元での臨床社会福祉学の学びを，それぞれの分野で実践している者が，その展開として執筆を試みたわけである。足立からの学びをどれだけ言語化できているか甚だ不安ではあるけれども，どの章を読んでも，言葉の中に生きた人の息吹が感じられる。それは足立の提唱した臨床社会福祉学が「こうあるべきだ」「こうならねばならない」といった，いわゆる教科書的な「現場への学」ではなく，変容する人や人との関係について「今・ここで」，まさにその瞬間，瞬間に常にコミットメントし続け，そこでの関係をともに生きようとする態度の概念化から生まれる，「現場からの学」であることの所以であろう。

　このことは足立がよく話していた，オランダの現象学者，クワントの言葉に相通じるものがある。クワントは「私たちが，自分たちを取り囲む事物と親密になるのは，仲間の人々と親密になることを通してなのである」とし，「学問と出会うから人間と出会うのではない。人間と出会うから学問と出会うのである」と言っている。まさに「現場からの学」である臨床社会福祉学を物語っていると言ってよいであろう。

　また，今回の執筆にあたって，何度となく浮かんできた言葉がある。それは本書の「はじめに」にもあるように，足立が恩師の早坂泰次郎から言われたことである。今から30数年前にある席で「僕はいつまでたっても早坂先生のあとをフォローしているばかりで，どうも自分のオリジナリティがなかなか出せ

ないんです」と言うと，早坂先生から「足立君，君はオリジナリティなんて言うけれども，それは傲慢だぞ。学問というのは常に継承なんだ」と言われたことだった。

　時は過ぎ，今，私たちが足立の提唱された臨床社会福祉学の継承者として，本書の執筆にあたったが，はたしてきちんと継承できているのであろうか。何度も自問自答を繰り返したところではあるけれども，やはりこれからも一つひとつ，やっていくしかないであろう。そして臨床社会福祉学が社会福祉・教育・医療に携わる人々，もとより人との関係を生きる私たちにとって，本当に生きることへの気づきのきっかけとなることを，継承していきたいと考えている。

　2015年3月

執筆者を代表して　静間　宏治

索　引

ア行
アクチュアリティ　8, 102
足立叡　57, 62, 71, 79, 84, 95, 196, 199
足立理論　84, 95
阿部志郎　173, 187, 188
今・ここで　36, 47, 50, 61, 71
今田高俊　87
上野蠢　194
上野千鶴子　89
エビデンス　17, 18, 22
縁起観　8
エンパワーメント　90, 192
応答する　43, 114, 138
岡田喜篤　3
岡村重夫　188

カ行
科学の知　36
かかわりからの地域　165, 174
かけがえのない存在　83, 188
神谷美恵子　131
関係性　7, 24, 40, 85-87, 95
関係性の再発見　155
関係的空間　162, 165
関係的生　144, 150, 151, 156
関係的存在　27
関係の先験性　24, 174
関係を生きる力　100, 131, 140, 175
感情母体　22
感性　21, 139
関与的観察　139
聴く　27, 67-69
聴ける　71
聞こえる　28
基礎学　14
基礎工事　63
基礎づけ　14
北山修　157
既知への問い　48, 49, 50, 51
機能的生　144, 151, 156, 158
基本的態度　50, 100
木村敏　101

客観　19
客観性　103, 105, 107
客観的　17, 18, 20, 21, 105
共感　38, 40, 188
共生の思想　6, 8, 9
共同主観　106
共同主観化　115
共同主観的　107
共同体　172
苦悩／苦悩する　25, 193
クワント, R.C.　82
傾聴　38, 40, 66, 141, 195
建学の精神　8, 9
研究・教育の場　2
現実(reality, actuality)　102
現実的公開性　58
現象学　14
公共化／公共的性格　105, 106
個人的事実性　82
コノプカ, G.　195
個別性　87, 95, 97
個別的事実性　83, 97, 98
コミットメント力　183
コミュニティ　173
困難事例　26, 27

サ行
佐藤郁哉　113
佐藤俊一　68, 76, 85-87, 104
サリバン, H.S.　139
自己変容　87
実証的／実証的態度　103, 107, 113, 115
実践・臨床の場　2
実存　182
質的(調査)研究　107, 113
社会開発　162, 164, 174, 177
社会的事実性　82
集合主観的　106
集合体　172
集合としての地域　165
主観　21, 22, 29, 115
主観的　17-21, 45, 105
受容　38, 40, 141

206　索　引

白石正久　139
信頼　32, 131
ストレングス　191, 192
制度における人間　162
生物的次元　184
生物的生　144, 146, 149, 151
世界　110, 113
潜在的ニード　190
全体としての自己　79, 81, 83, 84
専門職　55, 56, 65
専門性　56-58
相互主観的　106
存在的次元　184
存在の資格　198
存在論　4, 6, 24, 81, 83
存在論的事実　97, 98

タ行

体験概念　24
対象化　17, 27-29, 31, 32
対人援助の専門性　53, 61, 63, 65, 72
態度(方法)としての臨床　5, 8, 35, 71
対話　72, 76, 115, 172, 194
対話的関係　77, 195
他者指向的　90, 97, 98
谷口隆之助　66, 184
地理的空間　162
トゥギャザーウィズヒム　9
閉ざされた敏感さ(sensible)　45, 49
ともに生きる　156, 168
ともにいる　5, 36, 39, 46, 181

ナ行

内省の問い　80
仲村優一　55, 56
なる　29
人間開発　79, 96, 97
人間関係　14, 15, 17-20, 23, 46, 87
人間関係学　6, 9, 32, 34, 35, 100, 103, 107, 198
人間関係からの学　7
人間関係論　6, 15
人間存在　120
人間と共存しつつある人間　177
人間における制度　162
能動的　27

ハ行

場としての臨床　4, 34, 36, 37
早坂泰次郎　6, 28, 34, 44, 71, 82, 100, 106, 141
人にかかわる態度　20
日野原重明　158
開かれた感性(sensitivity)　45, 49
不完全さ　25, 192
藤井美和　138
フッサール, E.　14, 18
ブーバー, M.　24, 172, 176
フランクル, V.E.　25, 158
フロム, E.　21, 22
フロム・ライヒマン, F.　67
文化的・社会的次元　184
分析　80, 107
方法の学　7
方法論的視点　84
本体工事　63

マ行

見えない　31
見えないもの　29
見える　28, 31, 71
見えるもの　29
未知への問い　48, 49, 51
未分化な関係　23
見る　27, 67-69
ムスターカス, C.E.　182
メイヤロフ, M.　54, 89, 176
メルロ＝ポンティ, M.　16, 17, 28, 29

ヤ行

良い人間関係　20, 47
幼児の人間関係　23
米村美奈　80
弱さ　25, 192

ラ行

ライフ　157
理性　21, 45
リッチモンド, M.E.　140
了解関係　16, 17
良心的エゴイズム　43-46
量的(調査)研究　107, 113

臨床(的)　1, 3-5, 34, 35, 80, 84, 103, 181
臨床的視点　35
臨床的態度　34, 36, 37, 46, 48, 50, 115, 183, 198
臨床家　34
臨床社会学　4
臨床社会福祉学　1, 2, 3, 5, 85, 96, 102, 180, 196, 199

臨床社会福祉学の基礎研究　1, 2, 80
臨床ソーシャルワーク　181, 191
臨床の知　36, 37

ワ行

鷲田清一　175, 198
和田修二　192

臨床社会福祉学の展開

2015年4月30日　第1版第1刷発行

編著者　足立　叡

発行者　田中千津子

発行所　株式会社　学文社

〒153-0064　東京都目黒区下目黒3-6-1
電話　03(3715)1501(代)
FAX　03(3715)2012
http://www.gakubunsha.com

印刷　新灯印刷

©2015 ADACHI Satoshi Printed in Japan
乱丁・落丁の場合は本社でお取替えします。
定価は売上カード，表紙に表示。

ISBN978-4-7620-2542-6